ÉLÉMENTS

D'HISTOIRE NATURELLE

PAR

CAMILLE DE MONTMAHOU
Professeur à l'école municipale Turgot

PREMIÈRE PARTIE

PHYSIOLOGIE

NOUVELLE ÉDITION

PARIS
ANCIENNE MAISON DEZOBRY, E. MAGDELEINE & Cie
CH. DELAGRAVE ET Cie, LIBRAIRES-ÉDITEURS
58, RUE DES ÉCOLES

A LA MÊME LIBRAIRIE

—

DU MÊME AUTEUR

ÉLÉMENTS D'HISTOIRE NATURELLE :

PHYSIOLOGIE. 1 vol. in-18 jésus, avec figures. Cart. 1 75

ZOOLOGIE. 1 vol. in-18 jésus, avec figures. Cart. 2 50

BOTANIQUE. 1 vol. in-18 jésus, avec figures. Cart. 2 50

GÉOLOGIE ET MINÉRALOGIE. 1 vol. in-18 jésus. (*Sous presse*).

COURS D'HISTOIRE NATURELLE, répondant à l'enseignement secondaire spécial :

ANNÉE PRÉPARATOIRE. 1 vol. in-18 jésus, avec figures. Cart. 2 50

PREMIÈRE ANNÉE. 1 vol. in-18 jésus, avec figures. Cart. . 2 25

DEUXIÈME ANNÉE. 1 vol. in-18 jésus, avec figures et carte géologique. Cart. . . . . 3 »

TROISIÈME ANNÉE. 1 vol. in-18 jésus. (*Sous presse*).

PETITE CARTE GÉOLOGIQUE DE LA FRANCE, détachée du vol. de deuxième année. . . . . » 25

LECTURES D'HISTOIRE NATURELLE

LA VIE ET LES MŒURS DES INSECTES, extraits des *Mémoires de Réaumur*. 1 vol in-18 jésus, avec figures. Broché. . . . . 2 »

Sceaux. — Imp. de E. Dépée, Charaire et fils, successeurs.

ÉLÉMENTS

D'HISTOIRE NATURELLE

PAR

CAMILLE DE MONTMAHOU

Ex-Professeur d'histoire Naturelle à l'École municipale Turgot,
Inspecteur de l'enseignement primaire pour le département de la Seine.

PHYSIOLOGIE

CINQUIÈME ÉDITION

PARIS

CH. DELAGRAVE ET Cie, LIBRAIRES-ÉDITEURS

58, RUE DES ÉCOLES, 58,

1873

ÉLÉMENTS

D'HISTOIRE NATURELLE

NOTIONS PRÉLIMINAIRES

L'Histoire Naturelle, si l'on s'en rapportait à l'étymologie, devrait être la science de la nature; elle embrasserait dans une commune étude l'universalité des choses. Autrefois, en effet, cette science eut le monde entier pour objet d'investigation. Dans son acception actuelle, acception bien vaste, mais relativement plus restreinte, elle comprend l'étude et la connaissance des corps répandus à la surface de l'écorce terrestre ou qui constituent la masse même du globe.

Ces corps se distribuent en trois grandes catégories ou *Règnes :* le *Règne Animal*, le *Règne Végétal* et le *Règne Minéral.* On peut résumer ainsi d'une manière générale les caractères distinctifs des trois règnes :

Les *Minéraux* sont des corps bruts, privés de la vie, du sentiment et du mouvement.

Les *Végétaux* sont des corps organisés, doués de la vie, mais privés du sentiment et du mouvement spontané.

Les *Animaux* sont des corps organisés, doués de la vie, du sentiment et du mouvement spontané.

Ce qui fait immédiatement des Minéraux ou corps bruts une catégorie à part, c'est l'absence d'organes. Le mot *organe* signifie instrument; en effet, chez les corps organisés, chaque organe ou partie distincte est une sorte d'instrument qui remplit une fonction déterminée dans l'existence et la conservation de l'individu. Chez les corps bruts, les différentes parties dont la réunion forme la masse n'exercent sur l'ensemble aucune action individuelle, et, en dehors des lois générales qui régissent la matière, demeurent éternellement étrangères les unes aux autres. Relativement à l'origine, à l'accroissement, à la durée, à la forme, à la structure, à la composition chimique, d'autres différences presque aussi fondamentales séparent les corps bruts des corps organisés.

Il existe entre le Règne Animal et le Règne Végétal des caractères beaucoup moins précis. On peut dire, comme nous l'avons fait tout à l'heure, que les Animaux sentent leurs rapports avec le monde extérieur et qu'ils ont la faculté de modifier spontanément ces rapports, tandis que les Végétaux sont privés du sentiment aussi bien que du mouvement spontané. En même temps, il est incontestable que l'infériorité du Règne Végétal sous le rapport de l'étendue des phénomènes et des manifestations de la vie se traduit par une infériorité non moindre au point de vue du développement des organes. Toutefois, cette distinction ne reste d'une exactitude complète que lorsque l'on prend comme terme de comparaison les animaux supérieurs. Si l'on considère des types beaucoup moins parfaits, on est étonné de voir s'effacer peu à peu, et même enfin disparaître la ligne de démarcation si nettement tracée par la théorie entre les deux règnes organiques. Il serait peut-être bien difficile de démontrer par quels points la sensibilité de l'éponge l'emporte sur celle de la sensitive; et quelles ne sont pas les perplexités des naturalistes quand il s'agit de classer les espèces infiniment petites dont le microscope nous a révélé l'existence! Admettons avec Linné que la nature ne fait point de sauts brusques, et qu'elle procède toujours dans ses œuvres par des transitions insensibles; grand et fécond principe qui domine en même temps qu'il éclaire toute l'étude des êtres organisés.

L'histoire naturelle comprend quatre branches : la *Zoologie*, ou étude des animaux; la *Botanique*, ou étude des végétaux; la *Minéralogie*, ou étude des minéraux; la *Géologie*, ou étude de la structure du globe et de sa formation. Chacune de ces grandes branches se partage à son tour en autant de rameaux qu'il existe de façons d'envisager les corps dont se compose le domaine de l'histoire naturelle; c'est ainsi que, dans la Zoologie, l'étude des fonctions constitue une section à part, la *Physiologie;* l'étude des organes, une autre section, l'*Anatomie*.

PHYSIOLOGIE

CHAPITRE PREMIER

CONSIDÉRATIONS GÉNÉRALES

Fonctions ; Organes ; Appareils ; Systèmes. — Tissus et Membranes. — Fonctions de nutrition. — Classification. — Absorption et Exhalation.

Fonctions ; organes ; appareils ; systèmes. — Par cela même que les Animaux sont des corps organisés et vivants, ils présentent à notre étude des actes accomplis ou *fonctions*, et des parties distinctes, instruments de ces fonctions, que l'on appelle *organes*. On donne le nom d'*organisation* ou d'*organisme* à l'ensemble des parties qui constituent un être organisé. En dehors de la perpétuation de l'espèce, les fonctions des êtres organisés se rapportent particulièrement à deux grands actes : la nutrition de l'individu et l'établissement de ses relations avec le monde environnant. De là, deux classes de fonctions : les fonctions de *nutrition* et les fonctions de *relation*. On nomme les premières *fonctions de la vie végétative*, parce qu'on les rencontre chez les Végétaux comme chez les Animaux ; on nomme les secondes *fonctions de la vie animale*, parce qu'elles appartiennent exclusivement aux Animaux.

Les organes se groupent suivant les actes auxquels ils se rapportent ; on peut les partager en organes d'*absorption*, de *respiration*, de *locomotion*, etc. Souvent plusieurs organes concourent à l'accomplissement d'une même fonction, et leur ensemble constitue un *appareil.* C'est ainsi qu'il y a l'*appareil de la digestion*, l'*appareil de la circulation*, etc. On nomme *système* une réunion d'organes composés des mêmes éléments et destinés à des fonctions analogues. Exemples : le *système osseux*, le *système musculaire.*

Tissus et membranes. — Chaque organe possède une structure appropriée à la fonction qu'il doit remplir.

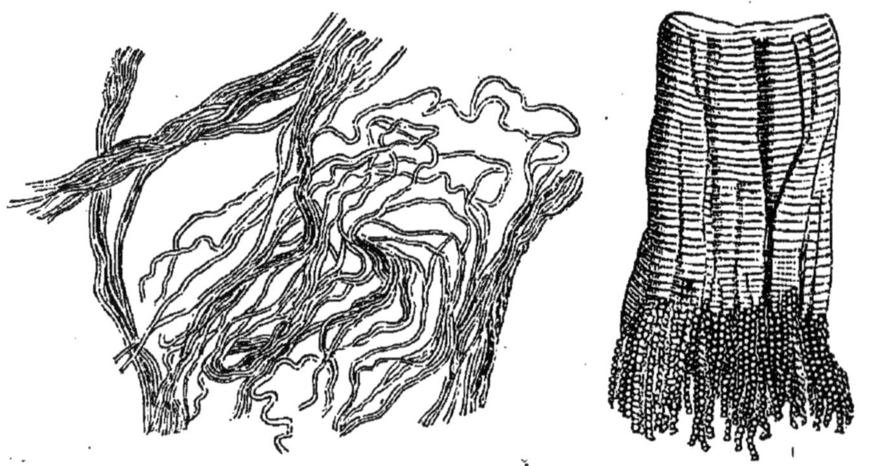

Fig. 1. — Fibres du tissu cellulaire vues au microscope.

Fig. 2. — Faisceau de fibres musculaires vues au microscope.

Il en résulte différents arrangements matériels que l'on désigne sous le nom de *tissus*. Les anatomistes admettent plus de trente variétés de tissus : un tissu *osseux* pour les os, un tissu *nerveux* pour les nerfs, un tissu *musculaire* pour les muscles, etc. On applique le nom collectif de *parenchyme* aux divers tissus qui constituent les organes glanduleux, tels que le foie, les reins, la rate, etc.; le nom collectif de *viscères*, aux divers organes contenus dans les cavités du crâne, de la poitrine, de l'abdomen.

Les *membranes* sont des tissus disposés en manière de toiles très-minces autour de certains organes. Elles ne sont pas moins variables dans leur structure et dans leur forme que dans leur mode d'utilité.

Le corps tout entier est enveloppé par une membrane, qui est la *peau*. Une autre membrane, la membrane *muqueuse*, tapisse la bouche, les fosses nasales, le tube digestif et les voies respiratoires : elle sécrète un liquide particulier que l'on nomme *mucus*.

Les membranes *séreuses* revêtent l'intérieur des grandes cavités du corps, le pourtour des articulations mobiles; elles isolent les organes et facilitent leur glissement. Elles produisent un liquide, la *sérosité*.

Les membranes *fibreuses* existent autour des muscles, des os, des articulations; elles augmentent la solidité des parties qu'elles recouvrent et les maintiennent dans leurs positions respectives.

Les membranes *musculeuses* se composent de fibres appartenant au tissu musculaire; leur nature contractile leur permet d'exercer une certaine action sur les organes dans la composition desquels elles entrent.

FONCTIONS DE NUTRITION

Les fonctions de nutrition comprennent tous les actes relatifs à la conservation de l'individu. Les êtres organisés ne se conservent qu'en vertu d'un échange continuel avec le monde extérieur; à chaque instant, ils empruntent du dehors des éléments nécessaires soit à leur développement, soit au renouvellement de leur substance; à chaque instant, ils éliminent et rejettent au dehors des matériaux devenus impropres à l'entretien de la vie. Si l'on ajoute à ce travail d'introduction et d'expulsion les actes qui se rapportent à l'élaboration intérieure et à la répartition, on concevra une idée très-nette de l'ensemble des fonctions de nutrition. Pour nous conformer à une classification à peu près universellement admise, nous partagerons ces fonctions en : *Absorption*, *Exhalation*, *Digestion*, *Circulation*, *Respiration*, *Sécrétion* et *Assimilation*.

ABSORPTION ET EXHALATION

On réunit généralement sous cette double dénomination les phénomènes de nature très-simple dont la peau et les diverses membranes sont le siége, et qui consistent dans l'introduction ou l'élimination de certains fluides. Ainsi notre corps, dans les circonstances ordinaires, perd, par la surface de la peau et sous forme de transpiration insensible, une quantité d'eau qui dépasse quotidiennement un demi-kilogramme : voilà un phénomène d'exhalation. D'un autre côté, plongé dans un bain tiède pendant un espace de temps suffisant, il acquiert, aux dépens du milieu fluide qui l'environne, une augmentation de poids qui peut dépasser un kilogramme : voilà un exemple d'absorption. Les membranes séreuses placées autour de tous nos viscères importants laissent incessamment suinter à la surface interne de leurs doubles feuillets un liquide que cette même surface doit incessamment reprendre, sous peine de laisser la sérosité s'accumuler; ces membranes nous fournissent ainsi un double exemple de la manière dont l'exhalation et l'absorption se produisent.

On a dit avec raison que l'absorption et l'exhalation n'étaient point, en réalité, des fonctions, mais simplement la mise en jeu de la propriété commune que possèdent les tissus de se laisser traverser par les fluides avec lesquels ils se trouvent en contact. Cette propriété est tout à fait analogue à celle que les physiciens ont étudiée sous le nom d'*osmose*. Il faut cependant admettre une certaine complication résultant de ce que la substance qui pénètre, molécule par molécule, un tissu vivant se modifie généralement en route par l'emprunt ou l'abandon de tels ou tels principes. Cette réserve admise, si l'on considère que le corps humain est formé presque exclusivement de liquides et de membranes interposées, on saisira toute l'importance des phénomènes physiques dérivant de l'osmose pour l'explication d'un grand nombre de faits relatifs aux fonctions de nos organes; on se rendra compte de l'échange continuel qui s'opère entre notre organisme et le monde extérieur; on comprendra comment les fluides nourriciers pénètrent nos tissus, pourquoi l'on rencontre ici ou là des produits de nature différente, suivant la constitution même des liquides et les conditions de perméabilité des membranes qu'ils sont appelés à traverser.

CHAPITRE II

DIGESTION

Objet de la digestion. — Appareil digestif. — Bouche. — Dents. — Langue. — — Glandes salivaires. — Pharynx. — Œsophage. — Estomac. — Intestin grêle. — Gros intestin. — Rate, foie, pancréas. — Rapports des organes abdominaux. — Structure de l'abdomen. — Phénomènes digestifs. — Classification des aliments. — Mastication et insalivation. — Déglutition. — Digestion stomacale. — Digestion intestinale.

Objet de la digestion. — La *digestion* est la fonction par laquelle certaines substances désignées sous le nom d'aliments sont introduites dans notre organisation, soit immédiatement, soit après avoir subi certaines élaborations intérieures de nature chimique ou simplement mécanique, et dont l'objet est de les rendre susceptibles d'être absorbées. L'*appareil digestif* est la réunion des organes qui servent d'agents à la digestion.

APPAREIL DIGESTIF

L'appareil digestif se compose d'un long tube ouvert à ses deux extrémités, et de divers organes auxiliaires, tels que les glandes salivaires, le foie, la rate, le pancréas, organes presque tous logés dans la cavité abdominale.

Les parois du tube digestif sont constituées par la superposition de diverses membranes; ce sont, intérieurement d'abord, une membrane *muqueuse*, continuation de la peau, puis une membrane *fibreuse*, qui détermine la forme, une membrane *musculeuse*, qui produit les contractions, enfin, une membrane *séreuse* isolante.

Bouche. — La *bouche* représente en quelque sorte le

vestibule du canal digestif; son ouverture extérieure est bordée par un muscle circulaire qui forme les *lèvres*. Au pourtour des lèvres commence la membrane muqueuse dont il vient d'être question; cette membrane se distingue facilement de la peau par sa minceur, son humidité, sa couleur rosée. Les lèvres retiennent les aliments pendant la mastication, empêchent la salive de se répandre hors de la bouche, et concourent à la production des sons et de la parole.

Dents. — Derrière les lèvres se trouvent les *dents*, double rangée de petits os symétriquement implantés dans les mâchoires. Les dents, chez l'homme adulte, sont au nombre

Fig. 3. — Coupe de la mâchoire inférieure, montrant les deux dentitions.

de trente-deux; mais, chez l'enfant, il en existe seulement vingt, nommées *dents de lait*. La première dentition commence entre 6 et 10 mois. Les deux incisives moyennes de la mâchoire inférieure percent ordinairement les premières. Quelques semaines après paraissent les correspondantes de la mâchoire supérieure, puis les incisives latérales inférieures, et ensuite les supérieures. Les canines inférieures, puis les supérieures ou œillères percent du douzième au quatorzième mois. Enfin, on voit sortir successivement huit molaires, 4 en haut et 4 en bas. Les dents de lait tombent vers la septième année et sont remplacées par les dents de la seconde dentition. La figure 3 mon-

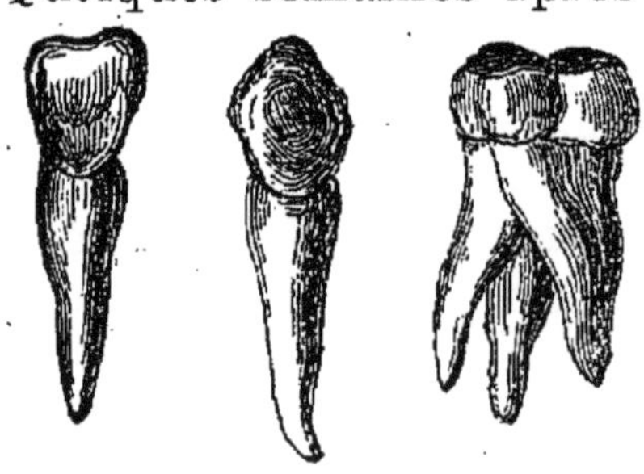

Fig. 4. — Incisive, canine, molaire.

tre les dents de lait développées, et les dents de la seconde dentition encore à l'état de germes. Nous naissons tous avec les germes tout formés de nos deux dentitions successives, c'est-à-dire avec cinquante-deux *embryons dentaires* enfermés dans les mâchoires. Lorsque les secondes dents tombent, elles ne sont pas remplacées.

Il y a trois sortes de dents : les *incisives*, les *canines* et les *molaires;* leur disposition est parfaitement symétrique, et l'on compte, à l'état normal, à chaque mâchoire, de chaque côté de la face, 2 incisives, 1 canine et 5 molaires. Les incisives occupent le devant de la bouche; puis viennent les canines, et enfin les molaires. Les dernières molaires ne se montrent guère avant la fin de l'adolescence; chez certaines personnes, leur apparition est encore plus tardive; quelquefois même, elles ne paraissent point du tout; ce sont les *dents de sagesse.*

Les dents ont à peu près la même composition chimique que les os; elles renferment une matière animale, l'osséine, très-voisine de la gélatine, et différents sels de nature minérale, principalement le phosphate et le carbonate de chaux. Leur partie interne ou *ivoire* est protégée par une couche superficielle, l'*émail*, beaucoup plus dure et plus résistante. L'émail n'existe qu'autour de la portion de la dent qui fait saillie au dehors et qu'on nomme *couronne;* il manque autour de la *racine*, c'est-à-dire autour de cette portion, simple dans les incisives et les canines, double et souvent triple dans les molaires, qui se trouve implantée dans l'*alvéole*, et qu'enveloppe simplement une membrane fibreuse, le *périoste*.

Tant que l'espèce de vernis qui recouvre les dents reste intact, il garantit parfaitement la matière altérable contre l'action des acides contenus dans les aliments ou provenant des exhalations de l'estomac; mais, sous l'influence des brusques changements de température qui se produisent au contact d'aliments alternativement froids et chauds, il arrive souvent que l'émail se gerce, se fendille et laisse à nu l'ivoire dont l'altération marche alors avec rapidité. La destruction de l'émail peut résulter de l'emploi même des poudres et des diverses préparations dont on se sert pour l'entretien des dents, et qui renferment des matières calcaires ou siliceuses.

Les dents, comme tous nos autres organes, reçoivent des nerfs et des vaisseaux nourriciers. Ces nerfs et ces vaisseaux pénètrent jusqu'à une cavité centrale occupée par une substance molle, *le bulbe dentaire*. On appelle *carie* des dents leur destruction lente après que l'ivoire a été dénudé. Le contact immédiat de l'air avec les fibrilles nerveuses détermine alors fréquemment des douleurs intenses, contre lesquelles il n'existe guère que deux remèdes, l'extirpation de la dent malade, ou bien la cautérisation du nerf, suivie d'un *plombage*, c'est-à-dire de l'introduction d'une matière plastique peu oxydable et destinée à remplir le vide produit par la carie.

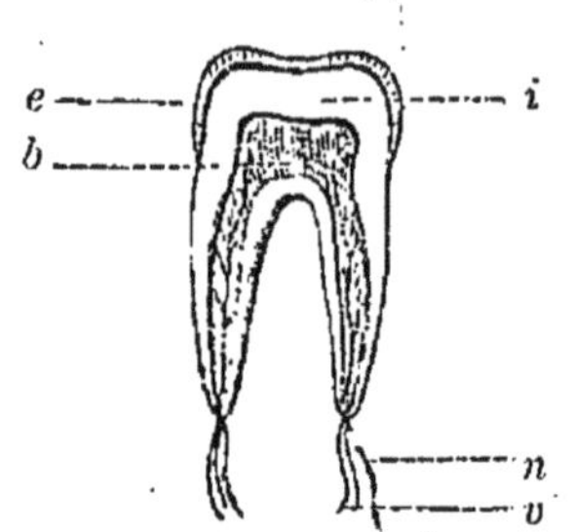

Fig. 5. — Coupe d'une molaire. *b*, bulbe dentaire. — *v*, vaisseaux sanguins. — *n*, filet nerveux. — *i*, ivoire. *e*, émail.

Langue. — La *langue* est un organe musculeux, fixé à la partie postérieure du plancher de la bouche. Libre en avant, et douée d'une extrême mobilité, elle concourt à la perception des saveurs, à la formation de la voix et à la déglutition des aliments. Sa surface, revêtue par la muqueuse digestive, fournit à la médecine d'utiles indications. En effet, comme toutes les parties de cette membrane ont entre elles une étroite sympathie et participent ordinairement aux mêmes affections, l'état de la langue fait connaître d'une manière assez positive l'état correspondant de l'estomac et des autres régions du canal digestif.

Glandes salivaires. — Les *glandes salivaires*, au nombre de six, sont disposées symétriquement, trois de chaque côté de la face. Les plus grosses, nommées *parotides*, sont logées en avant des oreilles, dans l'épaisseur des joues; les *maxillaires*, sous l'angle de la mâchoire inférieure; les *sublinguales*, sous la langue même. Des canaux particuliers amènent dans la bouche, sur différents points, la salive sécrétée par ces glandes.

Pharynx. — L'*arrière-bouche* ou *pharynx* fait immédiatement suite à la bouche; c'est une sorte d'entonnoir où viennent s'ouvrir : en haut, les *fosses nasales;* en bas, le conduit aérien et le conduit alimentaire; latéralement, de petits canaux aboutissant à l'oreille moyenne.

Le *voile du palais* forme, entre la bouche et le pharynx,

un rideau incomplet, dont le prolongement médian, la *luette*, se relève pendant la déglutition. Derrière le voile du palais, on trouve les *amygdales* ou *tonsilles*, petites glandes qui sécrètent un liquide légèrement visqueux.

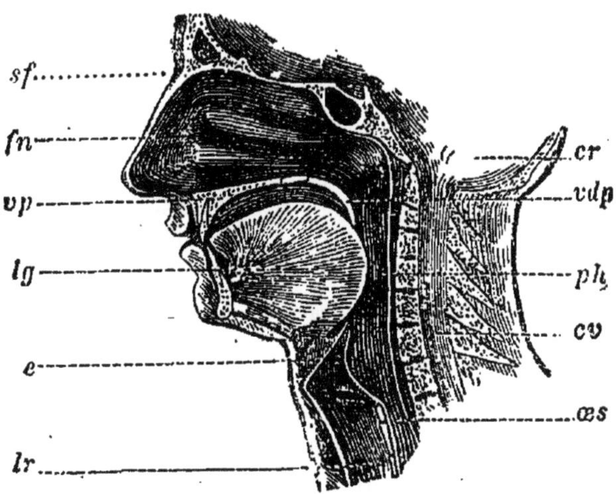

Fig. 6. — Coupe de la bouche et du pharynx suivant le plan médian de la tête. — *vp*, voûte palatine. — *vdp*, voile du palais. — *lg*, la langue, coupée suivant la ligne médiane et montrant ses fibres charnues. — *oh*, coupe de l'os hyoïde sur lequel s'attachent certains muscles de la langue, et auquel est suspendu le larynx. — *ph*, pharynx. — *œs*, œsophage. — *lr*, larynx. — *ct*, cartilage thyroïde. — *e*, épiglotte. — *fn*, fosses nasales, — *cr*, cavité crânienne. — *cv*, canal vertébral. — *sf*, sinus ou cavité de l'os frontal.

Œsophage. — L'*œsophage* est un tube cylindrique et membraneux qui prend naissance dans l'arrière-bouche, longe par derrière le conduit aérien, traverse la poitrine dans toute son étendue, et, pénétrant dans l'abdomen, se continue directement avec l'estomac.

Estomac. — L'*estomac*, et toutes les parties de l'appareil digestif dont il nous reste encore à parler, se trouvent logés dans l'abdomen, vaste cavité que sépare de la poitrine un plancher musculaire, le *diaphragme*. L'estomac occupe la partie gauche et supérieure de la cavité abdominale, et s'étend du côté droit, un peu au delà du point appelé vulgairement *creux de l'estomac*. C'est une poche en forme de poire, où l'on distingue une grande et une petite courbure et deux orifices. Par l'orifice supérieur, ou *cardia*, l'estomac se continue avec l'œsophage; par l'inférieur, ou *pylore*, il communique avec l'intestin grêle. Sa membrane muqueuse sécrète une liqueur acide, élément très-actif de la digestion, le *suc gastrique*.

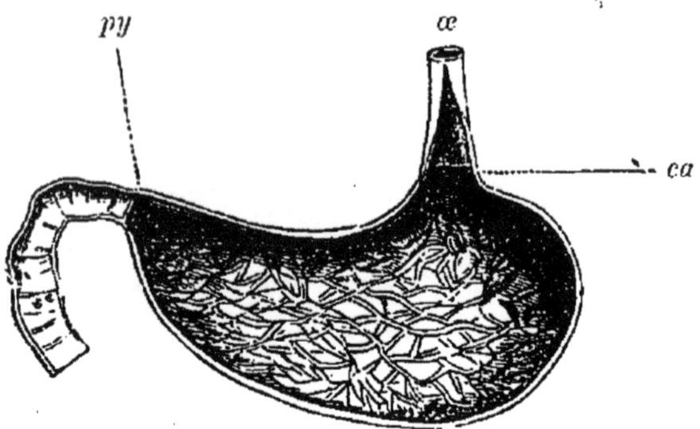

Fig. 7. — Estomac ouvert et montrant les plis de la muqueuse ; à sa suite, le duodenum, également ouvert. — *œ*, œsophage. — *ca*, cardia. — *py*, pylore.

Intestin grêle. — L'*intestin grêle* est un tube lisse, mince, étroit, d'une longueur moyenne de cinq à six mètres, et formant un grand nombre de circonvolutions qui occupent une partie considérable de la cavité abdominale. Sa membrane muqueuse offre, à des intervalles très-rapprochés, des replis nommés *valvules conniventes*, dont la fonction est de ralentir la marche des aliments, et, en

Fig. 8. — Surface villeuse de l'intestin grêle.

même temps, de fournir à l'absorption une plus large surface. Cette membrane est partout hérissée de sortes de petits poils ou *villosités*, qui lui donnent l'aspect d'un velours, et qui sont de véritables organes absorbants. La membrane séreuse ou *mésentère* n'est qu'un prolongement du *péritoine*, enveloppe séreuse générale qui tapisse l'abdomen. Le mésentère forme des anses qui soutiennent les diverses parties de l'intestin grêle et du gros intestin, les isolent les unes des autres et les empêchent de se nouer, de s'enchevêtrer. Sans cette disposition, il serait difficile de comprendre le passage des aliments à travers un tube aussi long et replié tant de fois sur lui-même. De plus, c'est par le *mésentère* que les nerfs et tous les différents vaisseaux se rendent aux intestins, ou en reviennent.

Bien que l'intestin grêle présente, dans toute sa longueur, la même forme et la même structure, on l'a divisé arbitrairement en trois sections, nommées *duodenum*, *jejunum* et *iléon*. Le *duodenum* fait suite à l'estomac et reçoit les deux conduits qui amènent, l'un la *bile*, l'autre le *suc pancréatique*.

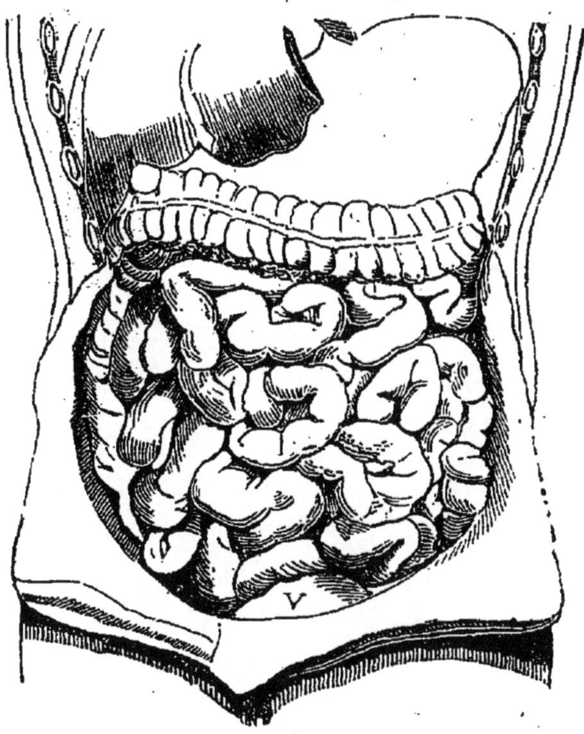

Fig. 9. — Cavité abdominale ouverte et montrant de haut en bas successivement le foie, l'estomac, le gros intestin, l'intestin grêle, et, en V, la vessie.

Gros intestin. — Le *gros intestin*, beaucoup moins long, mais, d'un autre côté, beaucoup plus ample que l'intestin grêle, s'en distingue encore par ses nombreuses boursouflures, par la rareté des organes absorbants et par l'absence de circonvolutions. Des trois régions qui le composent, la première, le *cæcum*, est un simple renflement dans lequel s'ouvre l'extrémité de l'intestin grêle. Vient ensuite le *côlon*, qui, s'élevant d'abord en ligne droite, se recourbe ensuite transversalement pour passer devant l'estomac, et redescend en forme d'S. Le *rectum* termine à la fois le gros intestin et le tube digestif.

Rate, foie, pancréas. — La *rate* est une glande mince, aplatie, d'un rouge terne, qui s'applique contre la grosse tubérosité de l'estomac et se trouve ainsi logée dans la partie gauche et supérieure de l'abdomen. On range habi-

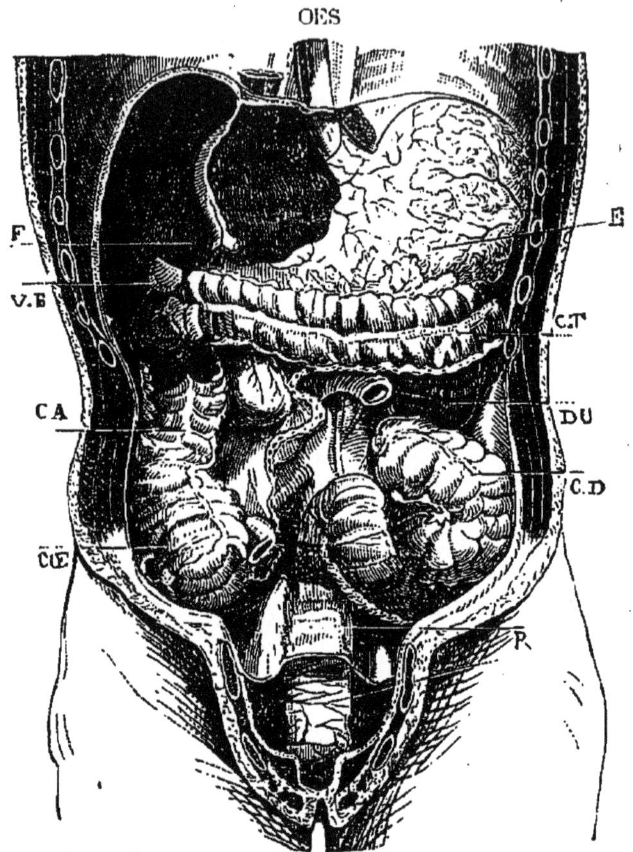

Fig. 10. — Cavité abdominale ouverte, et après qu'on a enlevé l'intestin grêle et la vessie. — OES, œsophage. — E, estomac. — F, foie. — VB, vésicule biliaire. — COE, cæcum. — CA, côlon ascendant. — CT, côlon transverse. — CD, côlon descendant. — DU, duodenum coupé. — R, rectum, caché en haut sous le péritoine.

tuellement cet organe parmi ceux qui composent l'appareil digestif, mais nous devons reconnaître que ses fonctions sont restées jusqu'à présent dans une grande obscurité.

Le *foie* est le plus volumineux des *viscères;* il pèse jusqu'à deux kilogrammes. Il occupe toute la partie droite et supérieure de l'abdomen, et se divise en plusieurs *lobes*, séparés par des dépressions ou sillons. Les dernières côtes le protégent; lui-même recouvre en partie l'estomac. Son tissu intérieur, essentiellement granuleux, est formé de petites glandes où s'élabore la bile et d'un réseau vasculaire très-étendu. Il existe pour la bile un réservoir appelé *vésicule du fiel;* ce liquide est un véritable savon, et le contenu de la vésicule du bœuf est souvent employé pour le nettoyage des étoffes délicates.

Deux conduits, partant, l'un du foie, l'autre de la vésicule du fiel, se réunissent pour former un tronc commun, le *canal cholédoque*, lequel déverse la bile dans l'intestin grêle, un peu au-dessous de l'orifice pylorique. Lorsque certaines causes déterminent l'obstruction du canal, ou suspendent le travail sécréteur du foie, les éléments de la bile cessent d'être retirés du sang et communiquent à ce

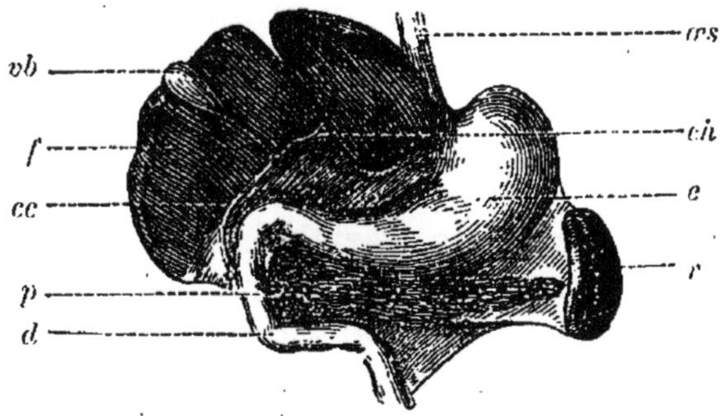

Fig. 11. — Estomac et annexes du canal digestif. — Dans cette figure, les viscères sont un peu dérangés de leur position normale. — *œs*, œsophage. — *e*, estomac. — *d*, duodenum. — *f*, foie, soulevé de manière à montrer sa face inférieure. — *ch*, canal hépatique. — *vb*, vésicule biliaire avec le canal cystique. — *cc*, canal cholédoque. — *p*, pancréas, un peu abaissé. — *r*, rate, un peu éloignée de l'estomac.

liquide une teinte jaune caractéristique, à laquelle participe la peau. Telle est l'origine de la maladie désignée sous le nom de *jaunisse* ou *ictère.*

Le *pancréas*, glande très-analogue, comme structure, aux glandes salivaires, représente une sorte de languette adossée à la colonne vertébrale, en dessous et en arrière de l'estomac. Deux canaux amènent dans le duodenum le *suc pancréatique* et débouchent à côté de l'orifice du conduit biliaire.

Rapports des organes abdominaux. — Il est utile d'indiquer les rapports réciproques des divers organes logés dans la cavité abdominale (Voyez fig. 9, 10 et 11). L'estomac occupe la partie supérieure gauche; le *foie* est à la droite de l'estomac et un peu en avant; la *rate*, à la gauche du même organe et un peu en arrière ; le *côlon transverse*, en avant ; le *pancréas*, en dessous, mais sur un second plan ; l'*intestin grêle*, directement en dessous. Les *reins*, organes de la sécrétion urinaire, sont placés de chaque côté de la région des lombes, et la *vessie*, leur commun réservoir, remplit la partie de l'abdomen correspondant au point de jonction antérieur des os du bassin. Tous ces organes sont serrés les uns contre les autres, et cependant, grâce à l'interposition des divers prolongements du *péritoine*, ils jouissent d'un isolement complet et d'une liberté entière.

Structure de l'abdomen. — La structure de l'abdomen se trouve admirablement en rapport avec les exigences des organes qu'il renferme. Il est séparé, comme nous l'avons vu, du thorax, par un simple plancher musculaire, le *diaphragme*, que l'estomac dilaté peut soulever. Au lieu d'être, comme le thorax, limité sur toutes les faces par des parois osseuses, il n'a latéralement et par devant pour enveloppes que des couches musculaires dont l'élasticité se prête aux distensions variables des intestins, mais qui sont douées en même temps d'une très-rassurante solidité. Ces couches se croisent dans tous les sens ; il y en a d'obliques, de droites, de transversales. Derrière ces muscles, enfin, se trouve un épais tablier, l'*épiploon*, en partie formé de graisse et qui remplit tous les vides laissés entre les circonvolutions et la paroi abdominale.

Sur quelques points, toutefois, la prévoyance de la nature semble pour ainsi dire en défaut ; souvent, à la suite d'un mouvement violent, d'un choc, d'une chute, on voit les enveloppes protectrices de l'abdomen faiblir, s'érailler, et livrer passage à de petites portions de l'intestin qui font alors saillie sous la peau. Telle est l'origine des *hernies*. Ces sortes d'accidents peuvent entraîner des complications très-graves et des infirmités incurables ; on ne saurait trop recommander aux personnes qui se livrent à des travaux rudes l'emploi de ceintures fixées autour des reins et fournissant un point d'appui solide aux muscles abdominaux.

PHÉNOMÈNES DIGESTIFS

Parmi les phénomènes digestifs, les uns sont purement mécaniques et se rapportent à la *division*, à la *trituration* et à la *propulsion* des aliments ; les autres rentrent plus particulièrement dans le domaine de la chimie, et comprennent toutes les *transformations* que ces mêmes aliments subissent, chemin faisant, afin de devenir absorbables.

Constitution chimique des aliments. — Malgré leurs apparences si diverses, les aliments, au point de vue qui nous occupe, ont été ramenés par les chimistes à une classification d'une extrême simplicité. On nomme *principes alimentaires* les éléments d'une nature bien déterminée, qui, soit isolés, soit réunis plusieurs ensemble, contribuent à les former.

Ces principes, d'après leur composition chimique, se divisent en trois catégories :

1° *Principes féculents* ou *sucrés*, constitués essentiellement de carbone, d'oxygène et d'hydrogène, ces deux derniers corps combinés dans les proportions d'où résulte l'eau. Exemples : la *fécule*, le *sucre*.

2° *Principes gras*, composés des trois mêmes corps, mais en des proportions différentes. Exemples : les *graisses*, les *huiles*, le *beurre*.

3° *Principes azotés* contenant, outre l'oxygène, l'hydrogène et le carbone, une certaine proportion d'azote. Exemples : le *blanc d'œuf*, la *viande*.

Les aliments le plus habituellement employés nous montrent réunis des principes appartenant à ces trois catégories. Ainsi le lait, indépendamment de beaucoup d'eau et de quelque peu de substance minérale, renferme deux principes azotés, l'*albumine* et la *caséine*, un principe sucré, le *sucre de lait* ou *lactose*, un principe gras, le *beurre*.

On a subdivisé les opérations successives de la digestion en un certain nombre de fonctions, auxquelles on a donné les noms de *mastication*, *insalivation*, *déglutition*, *digestion stomacale* et *digestion intestinale*.

Mastication, insalivation. — La bouche est le siége de la *mastication* et de l'*insalivation*. Par la première de ces deux opérations, les aliments sont divisés en fragments assez petits pour qu'ils puissent franchir sans encombre les portions étroites du tube digestif et se pénétrer avec facilité des différents liquides qu'ils rencontrent sur leur route. Quand la mastication est incomplète, toute la digestion s'en ressent; les opérations subséquentes se font avec lenteur et deviennent pénibles. De là l'inconvénient de manger trop vite et d'avaler les morceaux sans les mâcher suffisamment.

La mastication s'effectue par les mouvements de la mâchoire inférieure, dont les dents viennent se rabattre contre celles qui leur sont opposées supérieurement. Pendant cette opération, la langue ramène sous les dents, avec une incessante activité, les portions d'aliments qui s'en écartent après avoir été divisées, et les lèvres retiennent celles qui ont été rejetées en dehors des arcades dentaires.

On appelle *insalivation* l'action exercée par la salive sur les aliments, durant leur séjour dans la bouche. La salive a pour effet mécanique de suppléer au défaut de liquidité de la plupart de nos aliments; elle facilite l'agglomération des fragments triturés en une petite masse cohérente, ainsi que le glissement de cette petite masse ou *bol alimentaire* à l'intérieur de l'œsophage. Chimiquement, elle modifie les matières féculentes et sucrées; elle les convertit en une espèce de sucre que l'on nomme *glucose*, et qui constitue la seule forme sous laquelle ces matières soient absorbables.

La salive se compose d'eau en presque totalité, avec deux ou trois centièmes de sels alcalins, et deux ou trois millièmes d'un principe spécial, la *diastase salivaire*, qui agit exactement comme agit le ferment de l'orge dans la fabrication de la bière. C'est la présence des aliments qui détermine l'afflux de la salive, et cet afflux devient d'autant plus considérable que les aliments possèdent plus de sapidité, plus d'arôme. Du reste, les substances solides seraient pour nous absolument sans saveur, si la salive ne leur servait pas d'intermédiaire. Cette vieille locution, *faire venir l'eau à la bouche*, est la consécration d'un fait d'observation générale.

Déglutition. — Lorsqu'arrive le moment de la *déglutition*, les aliments, ramassés par la langue en une sorte de pelote, sont transportés par elle jusque dans l'arrière-bouche, dont les parois, par leur contraction, forcent le bol alimentaire à passer dans l'œsophage et, de là, bientôt dans l'estomac.

L'arrière-bouche présente plusieurs orifices; l'introduction accidentelle d'une portion d'aliments dans les fosses nasales ne saurait avoir de conséquences fâcheuses; mais la moindre parcelle qui pénètre dans le conduit respiratoire détermine immédiatement une toux convulsive qui ne cesse que par l'expulsion du corps étranger. Fort heureusement, cet accident est assez rare, et l'entrée du conduit aérien se trouve protégée d'une manière efficace par une petite languette membraneuse, l'*épiglotte*, qui vient s'appliquer sur son orifice au moment de la déglutition.

La progression des aliments dans l'œsophage résulte des contractions mêmes de la tunique musculaire; l'influence de la pesanteur y contribue pour bien peu de chose. Les parois extensibles de ce canal se prêtent facilement aux variations de volume du bol alimentaire; mais n'oublions pas que l'œsophage est placé exactement derrière le conduit aérien et que, lorsqu'il est distendu par les aliments, il presse contre les parois de ce conduit et rend la respiration très-pénible. Des os avalés par mégarde peuvent arrêter le passage des aliments dans l'œsophage et déterminer les accidents les plus graves.

Digestion stomacale. — A peine les aliments sont-ils introduits dans l'estomac, que les fibres de la tunique musculaire, continuant les contractions œsophagiennes, commencent à exercer une sorte de malaxation sur la masse et à la promener d'une extrémité à l'autre de la cavité. Vers la fin du travail, les mouvements tendent à diriger les aliments vers la petite courbure et l'orifice pylorique; mais, au début, ils les ramènent constamment en sens contraire, c'est-à-dire vers la grosse courbure et l'orifice cardiaque. Dans cette première période, il arrive souvent que les aliments surmontent la résistance des fibres resserrées du cardia, qu'ils reviennent par l'œsophage jusque dans la bouche même, et que le *vomissement* se produit. Cela résulte soit de ce que la masse ingérée est trop considérable, soit de ce que les contractions de l'estomac, sous une impression quelconque, un sentiment de dégoût, par exemple, ou bien par suite d'un état maladif, acquièrent une énergie inaccoutumée.

Dans l'estomac, les aliments sont en contact avec le *suc gastrique*. Ce liquide possède une réaction fortement acide; il est sécrété par la membrane muqueuse de l'estomac, et doit la plus grande partie de son activité à une matière analogue sous certains rapports aux levains ou ferments, et nommée *pepsine* ou *diastase stomacale*.

Le suc gastrique agit sur les matières azotées, telles que la fibrine de la viande, le blanc de l'œuf, la caséine du fromage, le gluten du pain, etc.; il les dissout et les rend susceptibles d'être absorbées. Quelquefois la sécrétion de ce liquide est surabondante et mal réglée. De là l'origine des *aigreurs*, et souvent, par suite, une rapide détérioration des dents.

La digestion des matières azotées est celle qui présente le plus de difficulté ; aussi les aliments séjournent-ils habituellement dans l'estomac pendant un temps assez considérable. Durant cet intervalle, le sang afflue dans le voisinage de l'estomac et des organes abdominaux pour leur fournir les éléments de leurs diverses sécrétions, et toutes les causes qui tendent à le porter ailleurs tendent aussi à interrompre la fonction digestive et à déterminer des accidents dont tout le monde connait la gravité. On peut citer comme susceptibles de produire ce résultat les émotions vives et soudaines, une course trop rapide, l'immersion dans l'eau, une saignée pratiquée immédiatement après un repas.

La durée de la digestion stomacale varie suivant le degré de *digestibilité* des aliments, c'est-à-dire suivant la résistance plus ou moins grande qu'ils opposent à l'action du suc gastrique. Cette durée varie entre deux et quatre heures. Cependant tous les estomacs ne sont pas réglés de la même manière, et il ne faut pas oublier que, chez chaque individu, les phénomènes généraux de l'organisation peuvent être modifiés par une foule de circonstances. Il serait impossible de donner aux chiffres, quand il s'agit de physiologie, la valeur absolue qu'ils ont dans les sciences mathématiques; ce sont de simples moyennes qui résultent d'un ensemble d'observations, mais qui ne s'appliquent souvent à aucun individu en particulier.

Les théories actuelles ont beaucoup réduit le rôle de l'estomac. Ce n'est plus, comme on croyait autrefois, l'organe unique de la digestion : c'est le siége d'une transformation toute spéciale, celle des matières azotées. On peut cependant le considérer comme un réservoir dispensant avec mesure à l'intestin les matières qui, sans cela, se présenteraient en une seule masse, pèseraient les unes sur les autres, et parcourraient le canal entier sans éprouver peut-être aucune modification.

Digestion intestinale. — On a remarqué, dans la description de l'*intestin grêle*, que les canaux conducteurs de la bile et du suc pancréatique venaient déboucher à très-peu de distance de l'orifice du pylore. Le *suc pancréatique*, liquide alcalin dont l'apparence rappelle la salive, mais qui

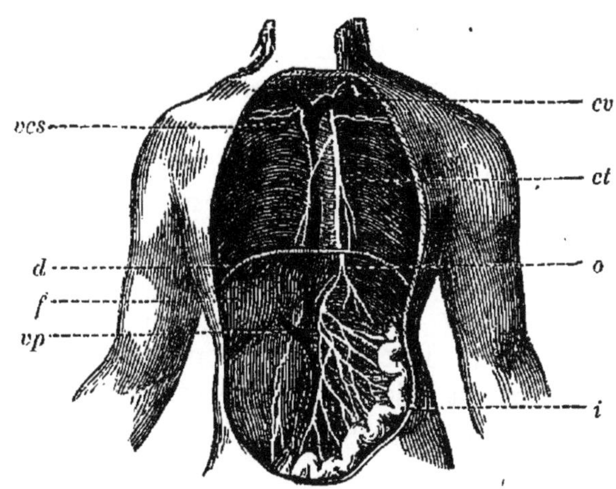

Fig. 12. — Système absorbant intestinal. — *i*, portion de l'intestin grêle suspendue à un lambeau du mésentère qui contient les veines et les vaisseaux lactés correspondants. — *d*, diaphragme. — *f*, foie. — *vp*, veine porte, qui réunit les veines de l'intestin et va se ramifier dans le foie. — *o*, origine du canal thoracique. — *ct*, canal thoracique. — *cv*, terminaison du canal thoracique dans la veine sous-clavière gauche. — *vcs*, veine cave supérieure.

en diffère un peu par la composition, agit sur les matières sucrées ou féculentes qui ont échappé à l'action de la salive, absolument comme le ferait la salive même; de plus, il paraît exercer une réaction sur les matières grasses qu'il réduit à l'état d'*émulsion*, ou division globulaire microscopique. Cette forme est la seule sous laquelle ces matières soient susceptibles d'absorption.

L'action de la bile n'est pas aussi nettement déterminée. Suivant l'opinion la plus probable, elle agit sur les matières grasses de concert avec le suc pancréatique et contribue à les émulsionner.

En même temps que les aliments subissent l'action de la bile et du suc pancréatique, poussés par les contractions de la tunique musculaire, contractions d'où résultent les mouvements dit *péristaltiques*, ils continuent lentement leur marche à travers les inflexions multipliées du tube intestinal. L'absorption s'opère chemin faisant, au moyen des innombrables villosités dont se trouve hérissée la membrane muqueuse, et les sucs pompés par ces sortes de ventouses pénètrent dans des vaisseaux appelés *vaisseaux lactés*. Ces conduits couvrent le mésentère d'un vaste réseau; ils finissent par se réunir tous en un seul canal, le *canal thoracique*, qui remonte le long de la colonne vertébrale et vient verser dans la veine *sous-clavière gauche* un liquide blanchâtre et laiteux.

D'après les découvertes les plus récentes, les *vaisseaux lactés* contiennent spécialement des matières grasses à l'état d'émulsion; une absorption d'une nature différente, opérée par les petits vaisseaux sanguins, recueille les matières féculentes et les matières azotées, et ces produits, transportés dans le foie par l'intermédiaire du système veineux abdominal, y subissent de nouvelles élaborations avant d'entrer dans le courant circulatoire. Peut-être alors faut-il considérer la bile comme le résidu, le détritus d'une sorte de digestion complémentaire ayant son siége dans le foie.

Lorsqu'enfin les aliments arrivent dans le gros intestin, l'absorption est aussi complète qu'elle pouvait l'être. Il ne s'agit plus que d'expulser au dehors des matériaux qui renferment très-peu d'éléments utiles. C'est pour cela que la longueur du gros intestin est infiniment moindre que celle de l'intestin grêle, et qu'on n'y rencontre presque plus d'organes d'absorption.

CHAPITRE III

CIRCULATION

Objet de la circulation. — Sang. — Composition. — Coagulation. — Sang artériel et sang veineux. — Vaisseaux sanguins. — Artères et veines. — Anévrismes. — Varices. — Vaisseaux capillaires. — Cœur; oreillettes et ventricules. — Action du cœur. — Circulation pulmonaire. — Circulation générale. — Mécanisme de la circulation. — Anastomoses. — Pouls. — Syncope. — Saignées. — Hémorrhagies. — Système lymphatique.

Objet de la circulation. — On entend par *circulation* ce mouvement continu qui entraîne le sang à travers nos organes, en lui faisant parcourir une série de canaux dont l'ensemble constitue un véritable cercle. L'objet de la fonction circulatoire est de transporter dans toutes les parties du corps les éléments nutritifs contenus dans la masse du sang, et, en même temps, de retirer de ces mêmes parties les éléments qui ont cessé de remplir un rôle utile et qui doivent être éliminés au dehors. La circulation distribue à tous nos organes des matériaux puisés aux mêmes sources; par là, elle contribue efficacement à maintenir dans nos tissus la similitude de composition.

On ne saurait imaginer jusqu'à quel point se multiplient les ramifications presque infinies des conduits circulatoires. Nos organes ne sont, à bien prendre, qu'un inextricable lacis de vaisseaux, et des savants ont pu soutenir sans trop d'invraisemblance que le corps humain tout entier ne se composait que du sang et des parois des tubes destinés à le contenir. Du reste, il résulte d'expériences admises comme exactes que le sang seul figure environ pour un cinquième dans le poids du corps.

Sang. — Le sang est un liquide un peu plus dense que l'eau, dont la saveur est fade, l'odeur nauséabonde, et dont la couleur varie entre le rouge foncé et le rouge écarlate. Il est formé de deux parties bien distinctes, un liquide incolore, le *plasma*, et des corpuscules aplatis et circulaires, rougeâtres pour la plupart, les *globules*. Le plasma constitue 875 millièmes de la masse du sang ; les globules constituent les 125 autres millièmes.

Les globules sont presque exclusivement formés par

Fig. 13. — Globules du sang des mammifères et des oiseaux. — A, globules du sang de l'homme, grossis 600 fois — *a*, globules vus de face. — *b*, vus de côté. — *c*, empilés et vus de profil. — *d*, globules blancs qui accompagnent les globules rouges, mais qui sont bien moins nombreux. — B, globules de la poule, grossis 400 fois seulement.

une substance tout à fait semblable au blanc de l'œuf, et que l'on nomme également *albumine ;* leur coloration est due à la présence de quelques millièmes d'une matière ferrugineuse, l'*hématosine*. La quantité de fer contenue dans le sang d'un homme adulte ne dépasse pas quatre ou cinq grammes.

Le plasma, sur 875 parties, renferme environ 790 parties d'eau, 50 à 60 parties d'albumine, environ 5 de fibrine, enfin, par quantités extrêmement petites, plus de cinquante substances, qui représentent les éléments réparateurs destinés aux différents organes, et, en même temps, les produits éliminables retirés de ces organes.

COMPOSITION DU SANG

Plasma 875	Eau	790
	Albumine	60
	Matières diverses	20
	Fibrine	5
Globules ou cruor 125	Hématosine	5
	Albumine	120

Le sang est loin d'offrir chez tous les animaux le même aspect et la même composition. Il ne garde la couleur rouge que chez les vertébrés et chez quelques vers, les annélides. Partout ailleurs, il est blanchâtre, bleuâtre, jaune, vert ou violet.

La forme, la grandeur, le nombre proportionnel des

globules ne sont pas moins variables. Les mammifères ont seuls des globules circulaires : chez les autres animaux, les globules sont elliptiques. Leur grandeur n'est nullement en rapport avec la taille des individus. Ainsi, ceux du cheval ont pour diamètre $\frac{1}{200}$ de millimètre, ceux de l'escargot $\frac{1}{100}$ et ceux de l'homme $\frac{1}{125}$. Le grand diamètre des globules elliptiques de la grenouille est de $\frac{1}{45}$ de millimètre. Enfin, si l'on considère la proportion de ces éléments relativement à la masse du sang, on trouve 15 0/0 de globules dans le sang de la tortue, 9 0/0 dans celui du cheval, et 6 0/0 seulement dans celui de la grenouille.

Coagulation. — Presque aussitôt que le sang est sorti des vaisseaux qui le contenaient, il se produit un phénomène bien connu de tout le monde, celui de la *coagulation.* La masse se divise en deux portions, l'une liquide et d'un jaune rougeâtre, qui reste à la partie supérieure du vase, c'est le plasma privé de sa fibrine, mêlé de quelques éléments colorants, et qui prend alors le nom de *sérum;* l'autre, qui occupe le fond, et figure une sorte de gelée d'un rouge vif, c'est ce qu'on nomme le *caillot*, et ce caillot se compose des globules emprisonnés par un réseau fibrineux. Parfois, et principalement dans certaines maladies, la fibrine, au lieu d'envelopper les globules, forme à la surface une couche nettement séparée, vulgairement la *couenne.*

Sang artériel et sang veineux. — Le sang n'est point partout un liquide identique. Celui qui est renfermé dans le système de vaisseaux appelés *veines* diffère sous beaucoup de rapports de celui que renferment d'autres vaisseaux appelés *artères.* Le sang *artériel* est d'un rouge vif; il tient en dissolution deux fois plus de gaz oxygène que le sang *veineux*, et notablement moins de gaz acide carbonique. Toutefois, ce dernier gaz y existe toujours en proportion deux fois plus considérable que le premier. Le sang artériel offre partout la même composition et se trouve partout éminemment propre à l'entretien de la vie. Si l'on représente par 100 la quantité de gaz en dissolution dans le sang, on trouve la proportion suivante :

Sang artériel : azote 14, oxygène 26, acide carbonique 60.
Sang veineux : azote 14, oxygène 16, acide carbonique 70.

Le sang *veineux* est d'un rouge sombre, tirant quelquefois sur le noir; sa composition varie sensiblement, suivant qu'on l'analyse après son passage à travers tels ou tels organes. Pour devenir apte à l'entretien de la vie, il faut qu'il subisse dans les poumons une sorte de régénération produite par le contact de l'air.

Vaisseaux sanguins. — On admet trois systèmes de vaisseaux : le *système artériel*, qui reçoit le sang du cœur et le porte dans les organes; le *système veineux*, qui ramène ce liquide des organes vers le cœur, et le *système capillaire*, sorte de lien établi entre les deux systèmes, dont il n'est en réalité que la double terminaison.

Artères et veines. — Les artères se distinguent tout d'abord par la structure de leurs parois; ces parois sont formées de trois tuniques dont l'interne et l'externe sont molles et extensibles, dont la moyenne, au contraire, est élastique et résistante. Les veines présentent les deux tuniques qui correspondent à l'interne et à l'externe des artères, mais la moyenne leur manque.

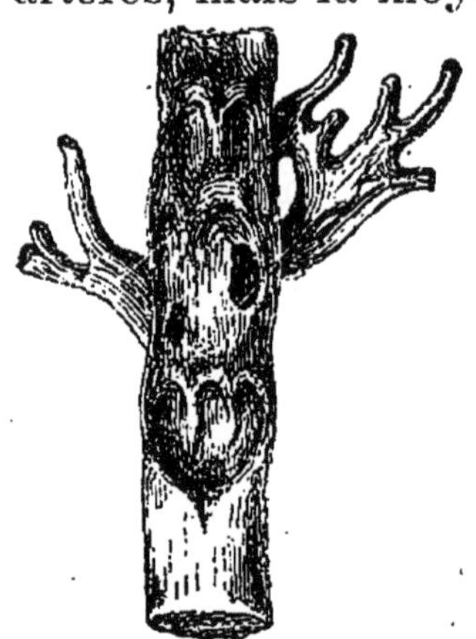

Fig. 14. — Valvules des veines.

La membrane interne des veines est généralement garnie, dans toute sa longueur, d'une infinité de petits replis assez semblables aux *valvules* conniventes de l'intestin et destinés à empêcher la rétrogradation du sang. Les *valvules* des veines jouent un rôle important dans la circulation; elles favorisent la progression du sang qui, déjà loin de son point de départ et privé d'une partie de sa vitesse initiale, aurait peut-être sans cela beaucoup de peine à remonter vers le cœur. Les artères se trouvent dans des conditions différentes; aussi, à part les gros troncs qui naissent du cœur, n'ont-elles point de valvules.

Les artères sont beaucoup moins nombreuses que les veines. On en rencontre très-peu superficiellement; elles occupent en général les parties profondes, et sont chacune accompagnées par deux veines que l'on nomme leurs *satellites*. Le système veineux, au contraire, indépendamment des veines ainsi associées aux artères, comprend encore un très-grand nombre de vaisseaux superficiels.

Il est extrêmement heureux pour nous que les artères soient situées profondément dans les tissus. En effet, les blessures qui les intéressent sont beaucoup plus dangereuses, beaucoup plus difficiles à guérir que les blessures des veines, parce que la tunique moyenne, une fois rompue, se rétracte des deux côtés en raison de son élasticité même et devient un obstacle à la réunion de la plaie. Les parois veineuses se ressoudent, au contraire, avec une grande facilité.

Lorsque la tunique moyenne d'une artère a été rompue accidentellement, le sang éprouve en cet endroit moins de résistance; il repousse insensiblement la paroi, et il en résulte une poche qui va toujours s'agrandissant et s'amincissant, jusqu'à ce qu'enfin elle crève et donne issue au liquide. La rupture d'un anévrisme, lorsqu'elle a lieu dans l'intérieur d'une cavité importante, dans l'intérieur de la cavité thoracique par exemple, et c'est un cas assez fréquent, entraîne nécessairement la mort.

Les veines, surtout celles des membres inférieurs, présentent souvent ce qu'on appelle des *varices;* c'est une conséquence de leur structure. Les tuniques, trop faibles, ou garnies de valvules incomplètes, se sont laissé distendre par l'afflux du liquide, sans pouvoir réagir pour le chasser. Cet état de distension, devenant habituel, amène parfois la rupture du vaisseau. Les hémorrhoïdes sont des varices des veines qui avoisinent le rectum.

Nous ajouterons, relativement aux caractères différentiels des artères et des veines, que les artères vont sans cesse en se ramifiant, tandis que les veines se concentrent sans cesse ; que les dernières terminaisons des artères paraissent être les organes distributeurs des éléments nutritifs, tandis que les premiers ramuscules veineux paraissent être les organes extracteurs des matériaux vieillis des tissus. Par suite de cette opposition de fonction, on dit souvent que les artères sont des *vaisseaux exhalants*, les veines, des *vaisseaux absorbants.*

Vaisseaux capillaires. — Ce système peut être facilement conçu comme la continuation des deux autres systèmes. Supposons que chacune des dernières ramifications artérielles donne naissance à un canal d'un diamètre très-étroit, et qu'après un certain parcours, ce conduit se continue avec un vaisseau semblable, prolongement de l'une des dernières ramifications veineuses; multiplions cet exemple à l'infini, et nous aurons une idée exacte du vaste réseau dont les ramifications enveloppent en quelque sorte chaque molécule de nos organes.

Les vaisseaux capillaires varient dans leurs dimensions souvent microscopiques; il en est de si étroits que les

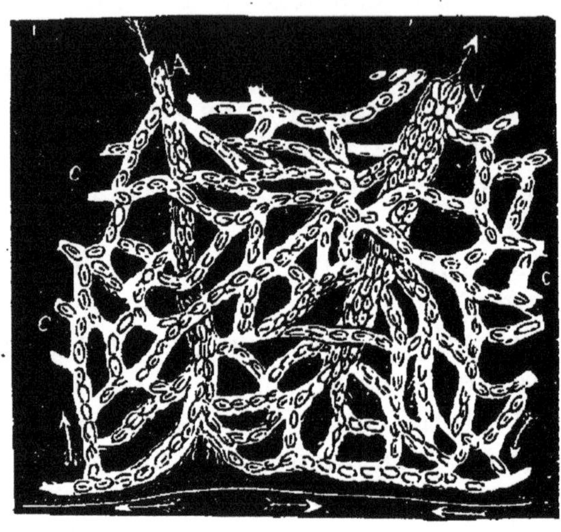

Fig. 15. — Réseau capillaire de la grenouille grossi environ 250 fois en diamètre. — A, dernier ramuscule artériel. — V, premier ramuscule veineux né des vaisseaux capillaires. — *cc*, rameaux de communication avec les autres vaisseaux capillaires.

globules rouges du sang ne sauraient y pénétrer, et que le plasma seul y circule. D'autres ne laissent passer les globules que sous l'influence de certaines causes qui déterminent leur dilatation passagère.

Cœur. — Le cœur est un gros organe musculaire formé par des fibres qui se contournent d'une manière très-complexe. Il est logé dans le thorax, entre les deux poumons, et se trouve sensiblement incliné de droite à gauche et d'arrière en avant, en sorte que sa pointe, dans les mouvements, frappe contre la sixième côte. Il n'est retenu dans sa position que par les gros vaisseaux, ce qui lui assure une indépendance complète; enfin, comme tous les organes importants, il est enveloppé par une membrane séreuse isolante, le *péricarde*.

La forme du cœur est celle d'un cône renversé; son volume est à peu près celui du poing; son poids moyen est d'environ 250 grammes. Intérieurement, une cloison verticale le partage en deux moitiés qui n'ont entre elles aucune communication, si bien que l'on pourrait dire qu'il existe un cœur droit et un cœur gauche, simplement adossés l'un à l'autre. Chaque moitié comprend deux cavités, et ces cavités communiquent par un orifice garni d'une soupape ou valvule mobile. Certaines analogies de forme ont fait donner les noms d'*oreillette droite* et d'*oreillette gauche* aux cavités supérieures des deux moitiés du cœur, ceux de *ventricule droit* et de *ventricule gauche* aux cavités inférieures.

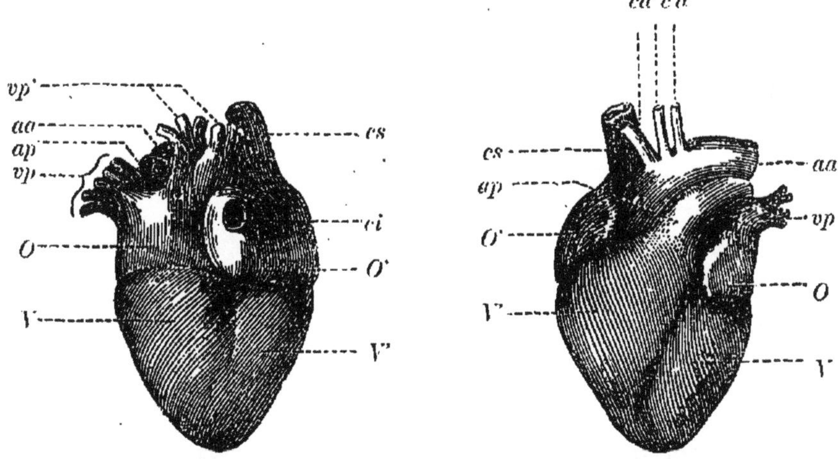

Fig. 16. — Face postérieure du cœur. Fig. 17. — Face antérieure du cœur.
O', oreillette droite. — *V'*, ventricule droit. — *O*, oreillette gauche. — *V*, ventricule gauche. — *aa*, artère aorte. — *ap*, artère pulmonaire. — *vp*, veines pulmonaires gauches. — *vp'*, veines pulmonaires droites. — *cs*, veine cave supérieure. — *ci*, veine cave inférieure. — *ca*, tronc commun de l'artère du bras droit et du côté droit de la tête. — *c*, artère du côté gauche de la tête. — *a*, artère du bras gauche.

Oreillettes et ventricules. — Les oreillettes sont constituées par un tissu fibreux, susceptible de se contracter avec une grande énergie. Elles occupent, par cela même, un espace très-étroit dans les cœurs vidés de sang dont on se sert pour les démonstrations. Les ventricules, au contraire, ont des parois très-épaisses et tout à fait charnues; leur tissu est d'un beau rouge. Les valvules très-minces, mais très-résistantes qui séparent chaque oreillette du ventricule correspondant, ont leurs bords retenus par de nombreuses fibres tendineuses qui naissent des parois mêmes du ventricule. Elles s'ouvrent dans un seul sens, celui de la sortie du sang contenu dans l'oreillette. Ces valvules sont des organes extrêmement importants, car de leur jeu normal et régulier dépend l'accomplissement d'une fonction dont les moindres troubles mettent notre existence en péril. Certaines affections très-graves du cœur consistent dans l'altération des valvules, envahies par des concrétions pierreuses qui les empêchent de fermer le passage hermétiquement.

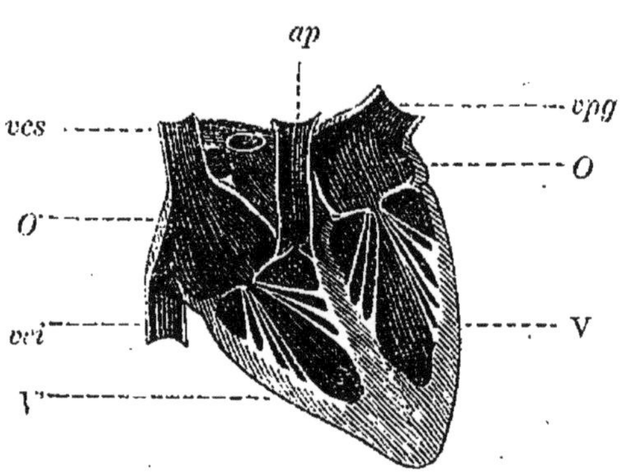

Fig. 18. — Coupe montrant la disposition des valvules. — *O, V*, oreillette et ventricule gauches. — *vpg*, veines pulmonaires gauches. — *O', V'*, oreillette et ventricule droits. — *ap*, artère pulmonaire. — *vcs*, veine cave supérieure. — *vci*, cave inférieure.

Le cœur est le point de départ et d'arrivée des gros troncs de la circulation artérielle et de la circulation veineuse : les premiers s'ouvrent dans la partie gauche ; les seconds, dans la partie droite.

Action du cœur. — Le cœur est l'organe d'impulsion du système circulatoire. Ses contractions communiquent au sang qui le traverse un mouvement qui se continue sur toute l'étendue des divers systèmes vasculaires. On peut considérer dans ce mécanisme deux temps bien distincts : *Premier temps*, contraction simultanée des deux oreillettes, envoi du sang dans les ventricules et dilatation passive des ventricules sous l'afflux du liquide. *Deuxième temps*, contraction des ventricules et passage forcé du sang dans les artères *aorte* et *pulmonaire*, attendu que la disposition des valvules aurico-ventriculaires empêche son retour dans les oreillettes. D'un autre côté, l'entrée des artères est garnie de valvules qui ne permettent plus au sang de refluer dans les ventricules, une fois qu'il s'est engagé dans ces deux vaisseaux.

Circulation pulmonaire. — La partie du trajet circulatoire comprise entre le ventricule droit et l'oreillette gauche a reçu le nom de *petite circulation*, à cause du peu d'étendue de son parcours, et celui de *circulation pulmonaire*, à cause de sa localisation dans les poumons. L'artère *pulmonaire* qui tire son origine du ventricule droit est très-courte; à quelques centimètres du cœur, elle se bifurque, et chaque branche, pénétrant dans l'un des poumons, s'y divise en un nombre infini de raméaux toujours de plus en plus déliés. Les derniers ramuscules se distribuent à la surface des vésicules pulmonaires et mettent le liquide qu'ils renferment en contact presque immédiat avec l'air. D'autres capillaires viennent prendre le sang artérialisé; ils constituent un nouveau système, lequel se concentre et ne forme bientôt plus que quatre gros vaisseaux, les veines *pulmonaires;* ces veines aboutissent à l'oreillette gauche. Il est utile de faire observer que, dans cette circonstance, on a donné le nom d'artère à un vaisseau qui porte du sang veineux, et celui de veines à des vaisseaux qui portent du sang artériel. Cela tient à ce que l'on a pris en considération plutôt la structure des conduits que la nature du sang.

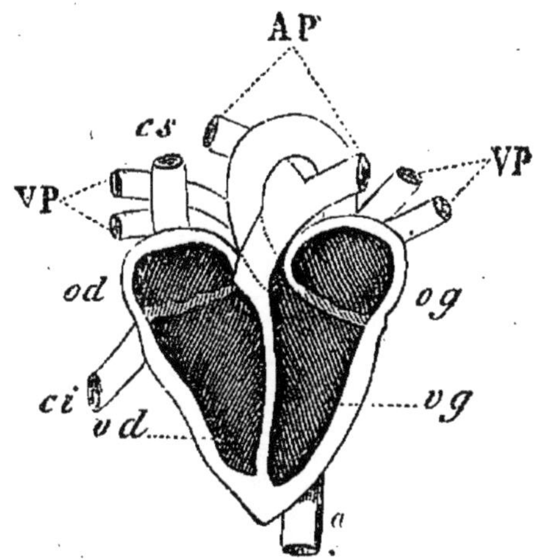

Fig. 19. — Coupe théorique du cœur de l'homme. — *vg*, ventricule gauche. — *vd*, ventricule droit. — AP, artère pulmonaire. — *a*, artère aorte. — *og*, oreillette gauche. — *od*, oreillette droite. — *cs*, veine cave supérieure. — *ci*, veine cave inférieure. — VP, veines pulmonaires.

Circulation générale. — On nomme *grande circulation* ou *circulation générale* la seconde partie du trajet, celle qui a pour point de départ l'*aorte* et qui mène le sang du ventricule gauche à l'oreillette droite en traversant l'organisme tout entier. L'artère *aorte*, en sortant du ventricule gauche, envoie presque immédiatement des vaisseaux nourriciers au cœur (artères *coronaires*) et aux poumons (artères *bronchiques*). Elle s'élève perpendiculairement jusqu'au sommet du sternum, puis se recourbe en forme de crosse (*crosse aortique*). De la crosse, naissent, par deux

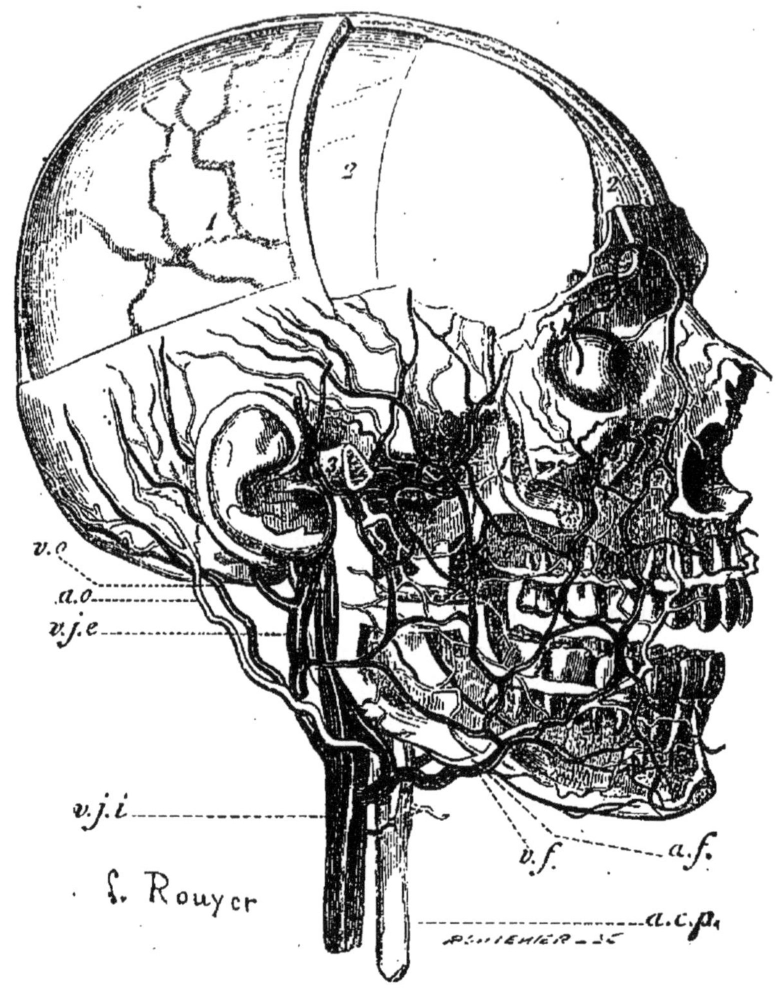

Fig. 20. — Veines et artères superficielles de la tête. — De 3 à 4, l'arcade zygomatique a été enlevée; en 5 et en 6, les mâchoires ont été creusées pour mieux montrer la direction des vaisseaux; on voit en 1 les vaisseaux qui sillonnent l'intérieur des os du crâne : en 2 et 2', la dure-mère. — *a.c.p*, artère carotide primitive. — *a.f.*, artère faciale. — *a.o*, artère occipitale. — *v.j.i*, veine jugulaire interne. — *v.j.e*, veine jugulaire externe. — *v.f.*, veine faciale. — *v.o*, veine occipitale. — Les vaisseaux ombrés fortement sont les ramifications veineuses : les autres, les ramifications artérielles.

troncs distincts, l'artère *carotide gauche* et l'artère *sous-clavière gauche*, et, par un tronc commun, l'artère *carotide droite* et l'artère *sous-clavière droite*. Les deux *carotides* distribuent au cou et à la tête de nombreuses ramifications, parmi lesquelles on peut citer les artères *temporales*. Les artères *sous-clavières* pénètrent dans les membres supérieurs et les suivent dans toute leur longueur, en prenant des noms empruntés aux parties qu'elles traversent. Une de leurs ramifications, l'artère *radiale*, est généralement choisie de préférence pour l'exploration du pouls.

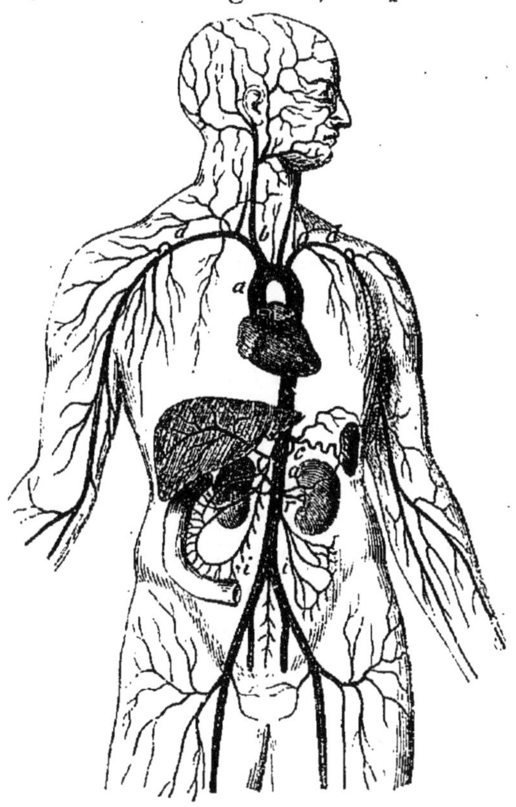

Fig. 21. — Principales divisions de l'artère aorte. — *a*, crosse aortique. — *a'*, aorte abdominale. — *b*, artère carotide. — *d*, artère axillaire. — *c*, tronc cœliaque. — *i*, *i*, artères iliaques. — *r*, artère rénale.

La portion descendante de l'*aorte* suit la colonne vertébrale jusque vers l'extrémité du tronc, et distribue, chemin faisant, des rameaux d'une importance relative aux différents organes du thorax et de l'abdomen (artères *intercostales* pour les muscles des côtes ; *tronc cœliaque* pour l'estomac, le foie et la rate ; artères *rénales* pour les reins ; artères *mésentériques* pour les intestins, etc.). Un peu au-dessous des reins se forment, par bifurcation, les deux artères *iliaques* qui portent le sang dans les membres inférieurs.

Les dernières ramifications artérielles sont de dimension capillaire, c'est-à-dire d'un diamètre à peine égal à celui d'un cheveu ; elles pénètrent dans la profondeur la plus intime de nos organes, et c'est par leur intermédiaire que s'effectue le travail de la nutrition. Elles aboutissent à d'autres vaisseaux d'un calibre non moins délié, qui reçoivent le sang déjà privé de ses éléments vivifiants ; ces vaisseaux sont l'origine des veines.

Les veines, comme les artères, tirent en général leurs noms des régions qu'elles traversent : c'est ainsi qu'il y a des veines *jugulaires*, *rénales*, *mésentériques,* etc. A l'inverse des artères, elles vont toujours en se réunissant; si bien qu'elles finissent par ne plus constituer que deux gros vaisseaux, les veines *caves supérieure* et *inférieure*. Il n'existe d'exception à cette règle que pour la portion du système nommée *circulation de la veine porte*. La veine *porte* se distribue dans le foie comme l'artère pulmonaire se distribue dans les poumons; les derniers ramuscules de cette veine se réunissent ensuite pour former deux gros vaisseaux, les veines *hépatiques*, de même que les capillaires des poumons se réunissent pour former les veines pulmonaires.

Mécanisme de la circulation. — On a évalué la force d'impulsion du cœur à deux kilogrammes, et cette appréciation semble assez proche de la vérité. Comment une force initiale aussi faible peut-elle maintenir en mouvement une masse de plus de 12 kilogrammes, et, en même temps, lui imprimer une vitesse assurément considérable, puisqu'il est établi que certaines substances introduites dans la veine jugulaire gauche d'un cheval se retrouvent, au bout de 30 secondes, dans la veine jugulaire du côté opposé, après avoir parcouru par conséquent toute l'étendue du trajet circulatoire? Ce fait semble d'autant plus extraordinaire que le frottement contre les parois, la multiplicité des courbures, l'influence même de la pesanteur, sont autant de causes qui tendent à retarder le cours du sang et à détruire l'effet de la propulsion initiale du cœur.

Si le mouvement, en dépit de tous ces obstacles, se continue régulièrement et sans effort, c'est grâce à un heureux concours de circonstances, parmi lesquelles il faut placer en première ligne la texture élastique des artères. Ces conduits, en effet, se laissent aisément distendre par le sang que le cœur y pousse; mais leurs parois se contractent bientôt avec une énergie égale à la dilatation; elles reviennent sur le liquide de manière à précipiter sa marche et, en même temps, à la régulariser.

Les veines ne jouissent pas de la même élasticité; mais leurs valvules favorisent la marche du sang, d'une part, en divisant la masse en une infinité de petites colonnes d'un poids très-faible, et, d'autre part, en rendant, par leur disposition même, toute rétrogradation impossible.

D'un autre côté, les veines et les artères de chaque partie du corps communiquent avec les vaisseaux voisins du même ordre par une infinité de petites ramifications ou *anastomoses*. De cette sorte, le sang trouve toujours un libre passage, quand bien même un ou plusieurs vaisseaux sont accidentellement oblitérés. Les anastomoses régularisent la diffusion du sang et multiplient les sources auxquelles nos organes empruntent les éléments de leur réparation. S'il n'existait pas entre les veines superficielles et les veines profondes des communications aussi faciles, la circulation serait à chaque instant arrêtée sur les divers points du corps où nos vêtements se trouvent habituellement serrés contre la peau.

Pouls. — Au point de vue de la transmission du mouvement, il existe une différence bien marquée entre les artères et les veines. Dans ces dernières, la marche du sang nous échappe, pour ainsi dire, tant son cours est lent et uniforme. Dans les artères, le sang se précipite par saccades, et son choc intermittent contre les parois produit des pulsations qui sont comme le contre-coup des battements du cœur.

Pour observer ces pulsations avec netteté, il faut choisir des artères presque superficielles et qui reposent sur des plans osseux. L'artère *radiale* est une de celles qui se prêtent le mieux à cet examen.

Le nombre des pulsations varie suivant les espèces, l'âge, l'état de santé, les individus. Chez l'homme, on en compte, dans les premiers temps qui suivent la naissance, 120 à 130 par minute; dans l'enfance, 70 à 100; dans l'âge adulte, 65 à 70; dans la vieillesse, 50 à 55. L'état fébrile accélère le pouls et augmente la violence des pulsations; on en trouve alors 120, parfois même jusqu'à 140 ou 150 par minute. D'autres circonstances peuvent, au contraire, les réduire à 40, ou moins encore. Chez les animaux, on rencontre, suivant les espèces, tantôt plus, tantôt moins de pulsations; chez le héron 240, chez le cochon d'Inde 140, chez le requin 7 seulement.

Syncope. — Sous l'influence de certaines causes, la circulation du sang se trouve parfois interrompue momentanément. Le cœur cesse de battre, les pulsations s'arrêtent : il y a *syncope*. Cet état entraîne la suspension de toutes les fonctions vitales; il ne saurait se prolonger sans le plus grand péril. De l'eau froide projetée sur la figure, des frictions sur les tempes avec des liquides aromatiques, des odeurs fortes portées sous les narines, suffisent assez généralement pour dissiper une syncope.

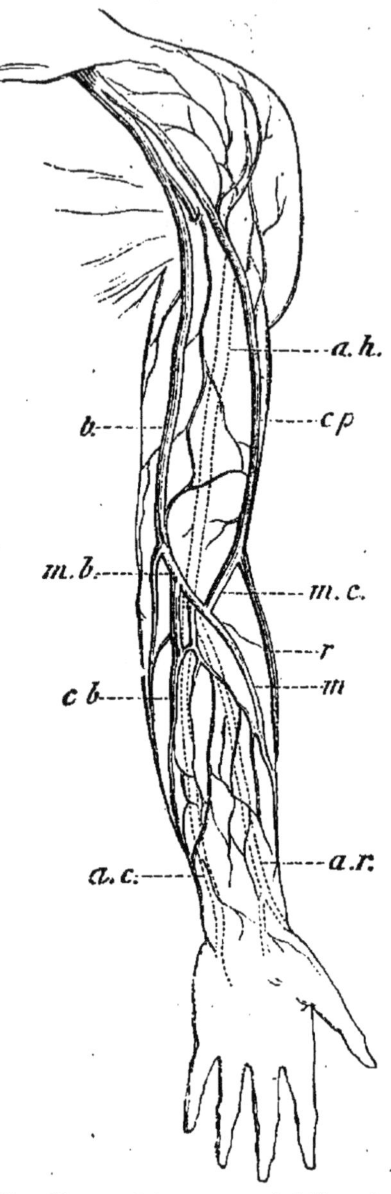

Fig. 22. — Veines superficielles du membre supérieur. *ah*, artère humérale. — *ac*, artère cubitale. — *ar*, artère radiale. — *cp*, veine céphalique. — *mc*, veine médiane céphalique. — *b*, veine basilique. — *mb*, veine médiane basilique. — *cb*, veine cubitale. — *r*, veine radiale.

Saignées, etc. — Quelque précieux que nous soit le sang à titre de liquide nourricier, néanmoins, dans certaines circonstances, il devient nécessaire d'en diminuer la masse; tel est le but qu'on obtient au moyen des *saignées* et des applications de *ventouses* et de *sangsues*.

Les saignées agissent sur l'ensemble de la circulation; on les pratique sur les veines, quelquefois sur celles du pied, plus communément sur celles du bras, et vers le pli du coude. La figure 22 montre les veines superficielles du membre supérieur. L'artère *humérale* passe sous plusieurs de ces vaisseaux, et lorsque la saignée est faite par une main inexpérimentée, on a souvent à craindre la piqûre de l'artère, ce qui constitue un accident très-dangereux.

Les ventouses et les sangsues agissent plus spécialement sur le système capillaire; on les emploie pour dégorger certaines parties où le sang afflue en trop grande abondance.

Il importe de rappeler ici que les piqûres de lancette et

de sangsues peuvent se rouvrir spontanément, même plusieurs heures après que le sang a cessé de couler; il en résulte des pertes parfois énormes. On devra donc surveiller attentivement les malades, en prévision d'accidents dont ils seraient, dans certains cas, les derniers à s'apercevoir.

Hémorrhagies. – On donne le nom d'*hémorrhagies* à des écoulements de sang qui se produisent à la suite de coups, blessures, etc., quelquefois aussi sans cause extérieure apparente. Lorsqu'il y a simplement rupture de quelques vaisseaux capillaires, le sang ne jaillit point au dehors; il reste sous la peau, qui prend alors une teinte noire ou bleue; telle est l'origine des *ecchymoses*. Le saignement du nez, ou *épistaxis*, est une hémorrhagie ordinairement peu inquiétante de la surface intérieure des narines. Si la cause de l'épistaxis est accidentelle, on arrête assez facilement le sang en appliquant sur le front et les tempes des compresses imbibées d'eau froide, souvent même en élevant verticalement, durant quelques minutes, le bras du côté où a lieu l'écoulement, pendant que l'on tient les narines bouchées.

La gravité des hémorrhagies résultant de véritables blessures est toujours en rapport avec l'importance des vaisseaux lésés. Les blessures d'artères sont les plus dangereuses. On les distingue aisément, car il s'échappe alors un sang de couleur écarlate, dont le jet saccadé s'élève parfois à plus d'un mètre. Au contraire, dans les blessures de veines, le sang est de couleur bleuâtre et s'écoule régulièrement en nappe.

Dès que se manifeste une hémorrhagie de nature inquiétante, il faut, en attendant l'arrivée du médecin, arrêter par tous les moyens possibles la sortie du sang. S'il s'agit d'une blessure faite à un membre, cas assez fréquent du reste, le mieux est de pratiquer immédiatement autour du membre une ligature très-serrée, de manière à interrompre la circulation; en même temps, on introduit et l'on maintient dans la plaie un tampon d'amadou, de linge ou de charpie, le doigt même, à défaut d'autre chose, et l'on ferme ainsi provisoirement l'orifice béant du vaisseau.

SYSTÈME LYMPHATIQUE

On appelle *système lymphatique* un ensemble de petits

vaisseaux répandus en nombre infini dans les différentes parties de l'organisme, et qui charrient la *lymphe*, liquide incolore tout à fait analogue au sérum du sang. De distance en distance, on remarque, entre ces vaisseaux, des noyaux glanduleux, les *ganglions lymphatiques*, dont les plus gros atteignent à peine la dimension d'une fève. Ce sont des lieux d'élaboration pour la lymphe, et il s'y passe des phénomènes dont la nature intime échappe à nos investigations.

Les ganglions lymphatiques se rencontrent principalement dans l'abdomen et le thorax, au cou, sous les aisselles; on en compte plus de sept cents. Leur nombre, bien plus considérable dans l'enfance que dans l'âge adulte, varie encore suivant les tempéraments. On appelle *tempéraments lymphatiques* ceux qui sont caractérisés par un grand développement du système lymphatique. L'engorgement chronique des ganglions produit la *scrofule*, maladie trop souvent héréditaire, dont les *humeurs froides* ou *écrouelles* sont une des formes les plus fréquentes, surtout dans les climats humides. Chez les enfants, les ganglions du cou acquièrent parfois un volume anormal; il en résulte des nodosités vulgairement appelées *glandes*, qui paraissent et disparaissent par intervalles. Dans le très-jeune âge, l'altération des *ganglions mésentériques* donne lieu à la maladie appelée *carreau*.

Les vaisseaux lymphatiques partagent avec les veines les fonctions absorbantes. Certaines substances semblent être absorbées tout particulièrement par ce système; tels sont les différents poisons qu'on réunit sous le nom collectif de *virus :* le virus de la *rage*, celui de la *morve*, l'infection des matières putrides. Fort heureusement, le cours de la lymphe est infiniment moins rapide que celui du sang; il en résulte que l'absorption des principes toxiques par cette voie est suivie d'effets moins foudroyants que lorsque l'absorption se produit par les veines; les premiers secours peuvent être administrés plus efficacement.

Le système lymphatique communique avec le système sanguin par deux troncs principaux; l'un est le *canal thoracique*, dont il a déjà été parlé à propos de la digestion, et qui déverse dans la veine sous-clavière gauche, indépendamment du liquide apporté par les vaisseaux lactés, la lymphe provenant des membres inférieurs, de l'abdomen et des parties gauches du corps; l'autre est la *grande veine lymphatique*, qui déverse dans la veine sous-clavière droite la lymphe provenant des parties droites et supérieures.

CHAPITRE IV

RESPIRATION

Objet de la respiration. — Poumons. — Mécanisme de la respiration. — Phénomènes chimiques. — Chaleur animale. — Animaux à sang chaud et à sang froid. — Animaux hibernants.

Objet de la respiration. — La respiration est une fonction par laquelle l'excès d'acide carbonique contenu dans le sang se trouve rejeté au dehors et remplacé par une quantité correspondante d'oxygène emprunté à l'air atmosphérique. C'est un simple phénomène d'échange, rentrant dans toutes les conditions des phénomènes d'osmose, et qui pourrait s'exercer également sur tous les points de la surface de notre corps en contact avec l'air. Si les organes appelés *poumons* sont, chez l'homme, le siége à peu près exclusif de la fonction respiratoire, c'est qu'ils présentent des conditions éminemment favorables, comme la multiplicité des points de contact, la minceur des parois, le renouvellement continuel de l'air altéré. Il est parfaitement établi, du reste, que nous respirons par la peau, et l'on a calculé que la respiration *cutanée* représentait un 38e environ de l'échange total. Certains animaux ont une enveloppe beaucoup plus mince que la nôtre; chez eux, la respiration cutanée est beaucoup plus active, et c'est ainsi que les grenouilles peuvent prolonger leur existence durant des mois entiers malgré l'ablation des poumons.

Poumons. — Les poumons remplissent la presque totalité du *thorax* ou *poitrine*, vaste cavité à parois osseuses, qui occupe la partie supérieure du tronc, et que sépare de l'abdomen le muscle *diaphragme*. Ces organes sont doubles et d'inégale dimension ; le gauche est moins volumineux que le droit. Ils sont enveloppés par une membrane séreuse, la *plèvre*, destinée à les isoler. On nomme *pleurésie* une maladie qui résulte d'une accumulation de la sérosité entre les deux feuillets de cette membrane. Le jeu des poumons se trouve alors tellement gêné, que, si l'on n'obtient pas une résorption prompte du liquide, l'acte respiratoire devient tout à fait impossible, et le malade périt asphyxié.

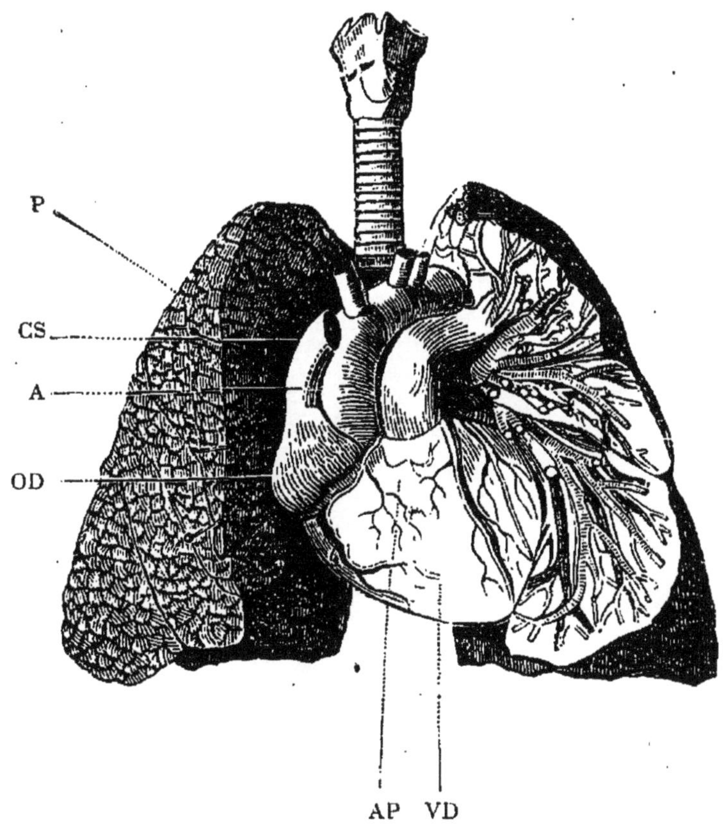

Fig. 23. — Poumons et cœur. — Le poumon gauche a été préparé de manière à montrer l'enchevêtrement des vaisseaux sanguins et aériens. — P, poumon droit. CS, veine cave supérieure. — A, artère aorte. VD, ventricule droit. — AP, artère pulmonaire. — OD, oreillette droite.

Le tissu des poumons se compose d'une multitude de petites vésicules, communiquant ensemble par un système de canaux ramifiés. Ces canaux aboutissent, pour chaque poumon, à un seul conduit, nommé *bronche*, et la réunion des deux bronches donne naissance à la *trachée artère*. La trachée remonte tout le long de la partie antérieure du cou, et s'ouvre dans l'arrière-bouche, en avant de l'œsophage. C'est un tube garni d'une série de pièces cartilagineuses, dont les supérieures constituent le *larynx* ou organe de la voix, et produisent au dehors cette saillie que l'on appelle vulgairement *pomme d'Adam*. Une membrane muqueuse, continuation de la membrane buccale, tapisse la paroi intérieure de la trachée et des bronches. Différentes maladies, les *laryngites*, les *bronchites*, etc., doivent leur origine à l'inflammation de cette membrane. Le *croup* en est une des variétés les plus dangereuses.

Fig. 24. — Vésicules pulmonaires considérablement grossies.

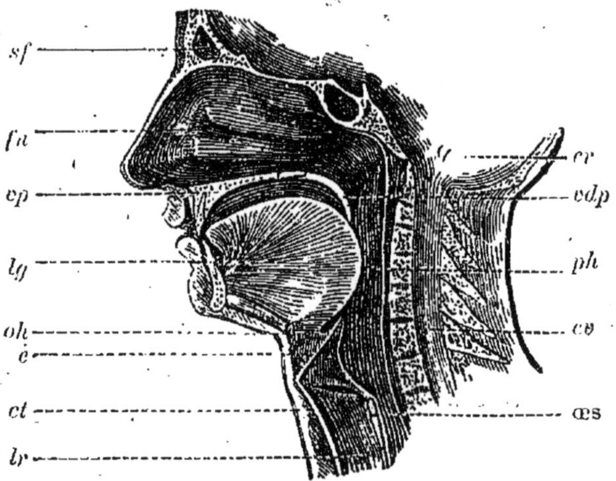

Fig. 25. — Coupe de la bouche et du pharynx. — *vp*, voûte palatine. — *vdp*, voile du palais. — *lg*, langue coupée suivant la ligne médiane et montrant ses fibres charnues. — *oh*, coupe de l'os hyoïde, sur lequel s'attachent certains muscles de la langue, et auquel est suspendu le larynx. — *ph*, pharynx. — *œs*, œsophage. — *lr*, larynx. — *ct*, cartilage thyroïde. — *e*, épiglotte. — *fn*, fosses nasales. — *cr*, cavité crânienne. — *cv*, canal vertébral. — *sf*, sinus frontal.

C'est par l'intermédiaire de la trachée, des bronches et de leurs ramifications que l'air pénètre jusqu'aux dernières vésicules des poumons. D'un autre côté, ces vésicules sont sillonnées par d'innombrables petits vaisseaux, qui représentent la terminaison du système veineux pulmonaire. Les parois des vésicules, comme celles des capillaires sanguins, sont d'une minceur dont les étoffes les plus légères ne sauraient donner une idée, et l'échange entre l'oxygène de l'air et l'acide carbonique du sang se produit à travers cette espèce de gaze impalpable. D'autres capillaires non moins fins reçoivent le sang artérialisé et se réunissent bientôt de manière à former les *veines pulmonaires.*

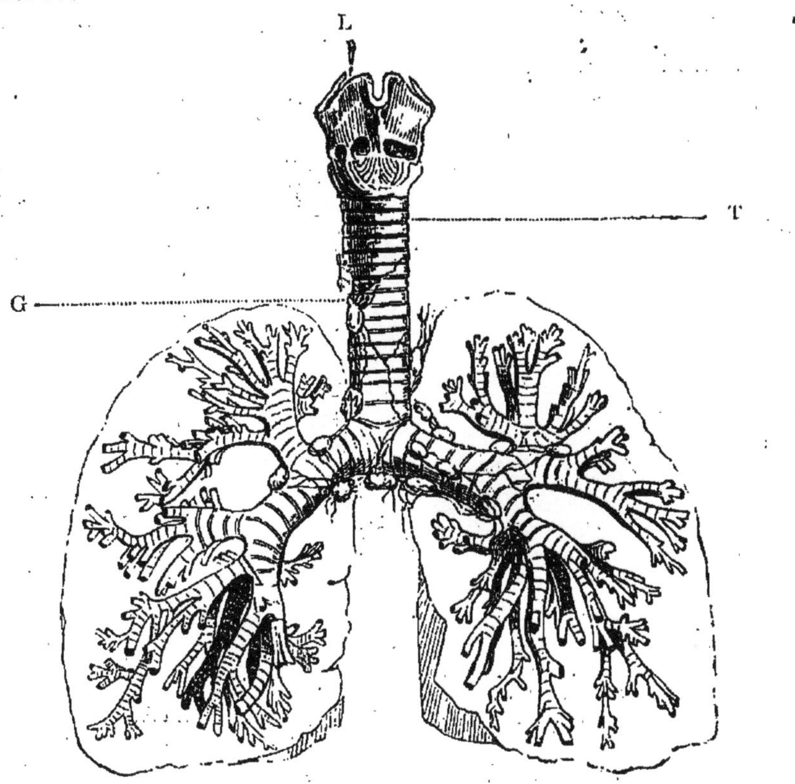

Fig. 26. — Distribution des bronches dans le poumon. — L, larynx. — T, trachée-artère. — G, ganglions lymphatiques.

Les poumons renferment toujours une grande quantité de sang; lorsque certaines causes, parmi lesquelles il faut compter en première ligne les brusques refroidissements, déterminent dans ces organes une affluence de liquide trop considérable et, en même temps, un embarras dans la circulation capillaire, il se produit une *pneumonie*, ou inflammation du parenchyme des poumons. La *phthisie pulmonaire* est une affection lente qui consiste dans l'altération de ce parenchyme.

Mécanisme de la respiration. — Les anciens appelaient l'air la *pâture* de la vie; il n'est point d'aliment, en effet, dont le besoin se fasse sentir à notre organisation d'une manière aussi impérieuse, aussi incessante. On prolongera, si l'on veut, pendant un temps assez long, la privation de la nourriture, mais nul ne saurait se soustraire au-delà de quelques minutes à la nécessité de respirer. A chaque instant, il faut que de nouvelles quantités d'air viennent prendre la place de celui qui s'est vicié dans les poumons.

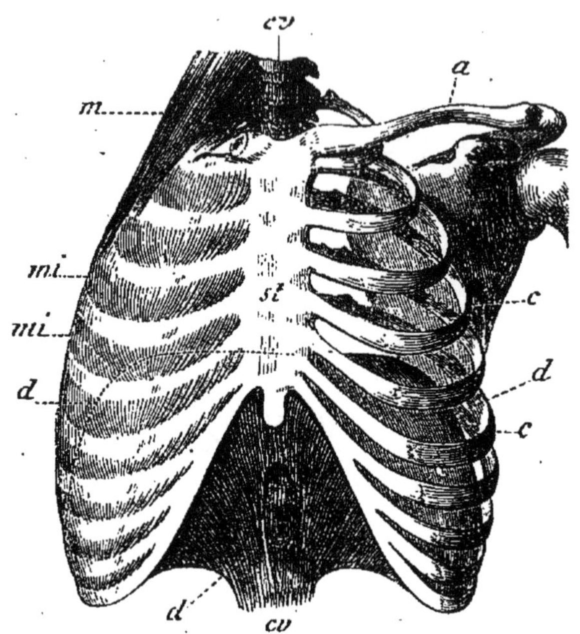

Fig. 27. — Conformation de la poitrine. — (Le côté gauche de la figure présente seulement les parties osseuses.) — *cv*, colonne vertébrale. — *a*, clavicule. — *c*, *c*, côtes. — *st*, sternum. — *m*, muscles élévateurs des côtes supérieures. — *mi*, muscles intercostaux. — *d*, muscle diaphragme.

On appelle *mouvements d'inspiration* les mouvements par lesquels l'air est appelé dans ces organes; *mouvements d'expiration* les mouvements par lesquels il en est expulsé. Le mécanisme qui produit les uns et les autres est extrêmement simple; il offre une grande analogie avec le jeu d'un soufflet.

Inspiration. — Lorsque la poitrine se dilate, c'est-à-dire lorsque le soulèvement des côtes et du sternum et l'abaissement du diaphragme déterminent l'augmentation de capacité du thorax, et, en même temps, la raréfaction du fluide que cette cavité renfermait déjà, il devient nécessaire que l'équilibre de pression entre l'air extérieur et l'air intérieur se rétablisse; c'est pour obéir à cette loi de la physique qu'une certaine quantité d'air pénètre alors dans les poumons.

Expiration. — Bientôt, cependant, les côtes et le sternum retombent; le diaphragme, cessant de contracter, est refoulé en haut par les viscères de l'abdomen; le thorax reprend son volume primitif, et la compression exercée sur les poumons amène la sortie d'une quantité d'air correspondant à celle qui était entrée tout à l'heure.

Les mouvements alternatifs d'inspiration et d'expiration se reproduisent en moyenne, chez l'homme, 16 fois par minute. La capacité des poumons à l'état de plénitude est d'environ 2 litres 50 centilitres, et le renouvellement, par chaque mouvement respiratoire, porte à peu près sur 50 centilitres. Si l'on multiplie ce dernier chiffre par le nombre des mouvements, on constate que, dans l'espace de 24 heures, il passe, en moyenne, par nos poumons 12,000 litres d'air, soit 12 mètres cubes. Cette quantité varie, d'ailleurs, en raison d'une foule de circonstances particulières.

Les mouvements respiratoires s'effectuent avec une sorte de rhythme et de régularité que l'habitude nous empêche d'apprécier, mais dont le dérangement nous fait éprouver une sensation très-douloureuse. On en citerait comme exemple les *points de côté* qui surviennent si fréquemment après une course prolongée, surtout quand on n'a pas eu la précaution de s'entourer les reins d'une ceinture qui comprime les muscles abdominaux. Les enfants, lorsqu'ils courent, placent souvent dans leur bouche un petit caillou dont la présence les contraint de respirer tout doucement et les lèvres fermées ; cette pratique n'est pas sans danger, car le caillou peut pénétrer dans les voies digestives ou respiratoires.

Phénomènes chimiques. — Indépendamment des actes mécaniques dont l'objet est de déterminer, soit l'introduction de l'air dans nos poumons, soit l'expulsion de ce fluide, la respiration comprend des phénomènes d'un autre ordre et dont l'étude n'est pas moins digne d'intérêt.

D'après les analyses chimiques les plus récentes et les plus exactes, l'air introduit dans les poumons, ou *air inspiré*, présente en volume la composition suivante :

Azote, 790 millièmes ;

Oxygène, un peu plus de 209 millièmes ;

Acide carbonique, un demi-millième ;

Vapeur d'eau, quantité également très-faible et variant suivant l'état d'humidité de l'atmosphère.

L'air qui sort des poumons, ou *air expire*, renferme :

Azote, 790 millièmes, ou un peu davantage ;

Oxygène, 165 millièmes ;

Acide carbonique, 40 millièmes;

Vapeur d'eau, proportion beaucoup plus forte que dans l'air inspiré.

En comparant les deux analyses, on remarque tout d'abord qu'une partie de l'oxygène introduit par l'inspiration se trouve remplacée dans l'air expiré par une quantité à peu près équivalente d'acide carbonique.

Ce résultat, si l'on possède quelques notions élémentaires de chimie, éveille naturellement l'idée d'une combustion plus ou moins immédiate. En effet, sur tout le trajet du système circulatoire, l'oxygène charrié par le sang se combine avec les éléments combustibles, hydrogène et carbone, provenant de l'absorption digestive, ou séparés de la substance même des tissus. Cette combinaison produit, d'un côté, de l'eau qui s'ajoute à la masse du sang; de l'autre côté, de l'acide carbonique immédiatement entraîné vers les poumons par le courant sanguin. Là, une partie de ce gaz se sépare du sang, en entraînant, sous forme de vapeur, une petite quantité d'eau empruntée au plasma, traverse les parois des capillaires veineux, les parois des vésicules pulmonaires et se mêle, enfin, à l'air qui remplit ces cellules. D'un autre côté, une partie de l'oxygène de l'air traverse, en sens contraire, les mêmes membranes, et va remplacer dans les vaisseaux sanguins l'acide carbonique qui vient de leur être enlevé.

Chaleur animale. — A la respiration se rattache la production de la *chaleur animale*. La chaleur animale, en effet, paraît être, pour la plus grande partie, le résultat des différentes combustions effectuées dans nos tissus. Sans oxygène, ces combustions seraient impossibles; mais, grâce à la respiration, le sang, toujours saturé de ce gaz, suffit amplement à toutes les exigences de l'organisme.

Animaux à sang chaud et à sang froid. — On nomme animaux à *sang chaud* ceux qui ont une température constante et indépendante des variations atmosphériques; animaux à *sang froid*, ceux dont le corps change de température suivant les conditions extérieures, à peu près comme le pourrait faire une masse inorganisée.

On incline d'autant plus à considérer la respiration comme la source presque exclusive de la chaleur intérieure, que, chez les animaux à sang froid, les organes respiratoires sont peu développés, et la respiration peu active. D'un autre côté, chez les animaux à sang chaud, la température est toujours en rapport avec le degré d'énergie de la fonction respiratoire. Les oiseaux, dont la respiration est double, pour ainsi dire, jouissent d'une température de 40 à 43 degrés centigrades; les mammifères, dont le système respiratoire est moins favorablement disposé, ne dépassent guère une température de 38 à 40 degrés centigrades; l'homme s'arrête vers 37.

Animaux hibernants. — Un certain nombre de mammifères, comme les *ours*, les *marmottes*, les *hérissons*, les *loirs*, semblent tenir le milieu entre les animaux à sang chaud et les animaux à sang froid. Durant la saison chaude, leur température intérieure est suffisante pour entretenir l'activité vitale; mais l'hiver, ils ne se trouvent plus en état de réagir contre le refroidissement de l'atmosphère, et ils tombent dans une léthargie qui ne cesse qu'au retour du printemps. On les a nommés, pour cette raison, animaux *hibernants*. Beaucoup d'animaux à sang froid s'endorment pareillement pendant l'hiver, et, d'un autre côté, chez plusieurs d'entre eux, les chaleurs excessives de l'été, dans les régions tropicales, déterminent un semblable engourdissement.

CHAPITRE V

SÉCRÉTION — ASSIMILATION

Objet des sécrétions. — Organes sécréteurs. — Fausses glandes. — Vraies glandes. — Sérosité. — Mucus. — Lait. — Sécrétion urinaire. — Graisse. — Assimilation. — Objet. — Siége. — Emploi des matériaux assimilés. — Accroissement. — Renouvellement. — Création de produits nouveaux.

SÉCRÉTION

Objet. — On entend par *sécrétion*, en prenant ce mot dans son acception la plus générale, l'acte au moyen duquel certains produits, de nature déterminée, se forment ou bien même simplement se concentrent dans des organes spéciaux, plus ou moins compliqués, que l'on appelle *glandes*. Les produits de cet acte sont désignés également sous le nom de *sécrétions*.

Toutes les sécrétions tirent leur origine du sang; mais un certain nombre existent avec tous leurs caractères dans ce liquide, tandis que d'autres ne s'y retrouvent point, et en reçoivent seulement les matériaux aux dépens desquels le tissu même de chaque glande fabrique son produit spécial. Dans le premier cas, on peut concevoir les parois des glandes comme des sortes de filtres laissant passer certains éléments à l'exclusion de tous les autres : tel est le mode d'action de l'appareil qui sécrète l'urine. Dans le second cas, on considérera les glandes comme des sortes de laboratoires, où les éléments chimiques fournis par le sang se modifient de manière à constituer des produits qui n'existaient pas auparavant.

Les matériaux des sécrétions viennent seulement de la partie liquide du sang, c'est-à-dire du plasma tenant encore la fibrine en dissolution. Le passage a lieu par transsudation à travers les parois; les globules ne pénètrent jamais dans le tissu des glandes. Tous ces organes sont extrêmement riches en vaisseaux sanguins, et leurs fonctions semblent d'autant plus actives que le sang y afflue avec plus d'abondance et de facilité.

Organes sécréteurs. — Les organes de sécrétion présentent dans leur structure différents degrés de complexité. Les plus simples, et l'on ne pourrait même leur donner le nom de glandes, sont les cellules épithéliales qui recouvrent la surface des membranes séreuses, et qui, se formant et se détruisant avec une égale rapidité, laissent échapper de leurs parois entr'ouvertes un liquide lubrifiant. Viennent ensuite les petites dépressions ou *cryptes* creusées dans l'épaisseur de la membrane muqueuse et qui sécrètent le *mucus;* puis, les tubes en nombre infini que loge la membrane intérieure des intestins et qui sécrètent le *suc intestinal;* puis encore, les différentes variétés de *follicules*. Ces derniers organes sont de petites ampoules à goulot étroit, dont les unes restent isolées, comme les follicules qui sécrètent la *matière sébacée* de la peau, tandis que les autres se montrent toujours agrégées et réunies, bien qu'elles possèdent encore chacune leur orifice particulier, comme les follicules qui sécrètent la *chassie* des paupières. Supposons qu'un certain nombre de follicules s'associent de manière à former une sorte de grappe et à verser leur sécrétion dans un canal commun, nous nous rendrons compte de la structure de celles de ces glandes que l'on désigne sous le nom de *glandes composées*, comme les glandes *salivaires* et *lacrymales*, le *pancréas*. Supposons, d'un autre côté, un certain nombre de tubes fermés à une de leurs extrémités et s'ouvrant par l'autre dans un réservoir commun, nous aurons figuré d'une manière suffisamment exacte la structure des *reins*. Toutes ces dispositions ont pour résultat de fournir au travail sécrétoire une très-large surface. On a calculé que le développement de chacune des parotides représenterait environ 2 mètres

Fig. 28. — Fragment grossi d'une glande composée.

carrés; celui du pancréas, 4 mètres; celui de chacun des reins, 9 mètres. Certaines glandes possèdent des réservoirs où se rassemblent les produits de la sécrétion. Nous avons vu que la *vésicule biliaire* était le réservoir du foie. Les reins ont pour réservoir commun la *vessie*.

Les anatomistes nomment *glandes parfaites* ou *vraies glandes* les organes de sécrétion dont la structure, les usages, les produits sont actuellement bien connus. Ils ont nommé, peut-être à tort, *fausses glandes* ou *glandes imparfaites* d'autres organes dont la nature et les fonctions n'ont pas encore été suffisamment déterminées.

Fausses glandes ou glandes imparfaites. — Nous citerons comme exemples de ces glandes : la *rate*, le *thymus*, le *corps thyroïde*, les *amygdales*, les *ganglions lymphatiques*. — Il a déjà été question de la rate, des amygdales et des ganglions lymphatiques. — Le *thymus* est situé au sommet de la portion antérieure de la poitrine. Cette glande, après avoir présenté, pendant la première enfance, un certain volume, disparaît vers l'âge adulte. Chez le veau, elle forme la partie délicate que l'on nomme les *ris*. — Le corps *thyroïde* occupe la partie du cou placée au-dessous du cartilage thyroïde ou *pomme d'Adam*. Il est habituellement peu développé; mais, chez certaines personnes et dans certaines conditions, il tend à prendre des dimensions gênantes. Ce développement anormal constitue le *goître*, infirmité très-répandue dans les montagnes de la Suisse et de la Savoie, et qui est, d'ordinaire, accompagnée d'un affaiblissement notable de l'intelligence; on appelle *crétins* les individus qui en sont affectés à ce degré. Nous sommes loin d'être positivement fixés sur les causes qui produisent le goître et le crétinisme; d'après certains auteurs, ce serait surtout l'absence d'iode en quantité suffisante dans les eaux qui servent à l'alimentation. Des recherches récentes tendent à prouver que ce serait plutôt l'absence de chlorures et de sels magnésiens. Toujours est-il que l'iode est employé très-efficacement contre les engorgements chroniques du corps thyroïde et des autres organes glanduleux.

Vraies glandes ou glandes parfaites. — Ces glandes sont extrêmement nombreuses; nous avons déjà parlé, à propos de la digestion, des *glandes salivaires*, du *foie*, du *pancréas* et des *follicules gastriques;* plus tard, au chapitre des Sens, il sera question des glandes *lacrymales* et, en même temps, des diverses sécrétions qui ont leur siége dans l'enveloppe cutanée : *glandes sudorifères*, *follicules sébacés*, *poils*, *ongles*, etc. Il nous reste à traiter ici des organes qui produisent la *sérosité*, le *mucus*, le *lait*, l'*urine* et la *graisse*.

Sérosité. — La sérosité est un liquide qui suinte continuellement à la surface des membranes séreuses, et qui renferme 99 pour 100 d'eau, un peu d'albumine et quelques sels minéraux. Les membranes séreuses proprement dites entourent les organes importants, en vue de faciliter leurs mouvements et de les isoler des parties voisines. On nomme *arachnoïde* celle du cerveau, *plèvre* celle des poumons, *péricarde* celle du cœur, *péritoine* celle de l'abdomen, et *mésentère* le prolongement intestinal du péritoine. L'excès d'activité de ces membranes ou le défaut de résorption de la sérosité constitue les différents genres d'*hydropisie*. — D'autres membranes séreuses, désignées sous le nom de *capsules synoviales*, entourent les articulations osseuses ou fournissent des gaînes aux tendons des muscles. Leur liquide, appelé *synovie*, a beaucoup plus de consistance que la sérosité proprement dite; il renferme 93 pour 100 d'eau et 6 pour 100 d'albumine, avec quelques sels.

Mucus. — Le mucus est sécrété par les dépressions ou *cryptes* de la membrane muqueuse, vaste enveloppe qui revêt intérieurement la bouche, les fosses nasales, les voies digestives et respiratoires. La nature du mucus est plus complexe que celle de la sérosité. C'est un liquide amorphe, dans lequel nagent des globules arrondis, les *globules muqueux*. Sa réaction est neutre ou légèrement alcaline. Il contient 93 pour 100 d'eau, 6 pour 100 de matière organique, et quelques sels. Le mucus résiste très-énergiquement à l'action des acides contenus dans le suc gastrique; une de ses fonctions est probablement de former à la surface de l'estomac un vernis préservateur. Dans les diverses inflammations de la membrane muqueuse, le mucus se produit d'une manière surabondante; il y a hypersécrétion. C'est ce qu'on observe dans les rhumes, catarrhes, etc.

Lait. — Le lait est sécrété par les glandes *mammaires.* Ces glandes se composent de granulations agglomérées autour de petits conduits tubulaires, les conduits *galactophores*, qui aboutissent au dehors par une extrémité très-effilée, et qui, dans les intervalles de la lactation, servent de réservoir au liquide. Le lait de femme contient, en moyenne, pour 1000 parties :

Eau	875
Beurre	36
Caséine	4
Albumine	13
Sucre de lait	70
Sels minéraux	2
	1000

Sécrétion urinaire. — Les reins sont deux organes glanduleux situés dans l'abdomen, des deux côtés de la colonne vertébrale, au niveau de la région lombaire ; leur couleur est d'un rouge-brun, et leur forme rappelle assez exactement celle d'un haricot. Ils se composent de deux substances de structure très-différente : une substance externe ou *corticale*, et une substance interne ou *tubuleuse* La substance corticale constitue autour de l'organe une enveloppe molle et granuleuse. La substance tubuleuse, plus dure et plus résistante, est formée par une multitude de petits tuyaux capillaires, adhérant par une de leurs extrémités à la substance corticale et s'ouvrant par l'autre dans le *bassinet*. Le bassinet est un premier réservoir terminé par une portion très-effilée qui aboutit à la vessie et que l'on nomme *uretère*. La *vessie*, logée à la partie inférieure et antérieure de l'abdomen, reçoit par les deux uretères le produit de la sécrétion rénale.

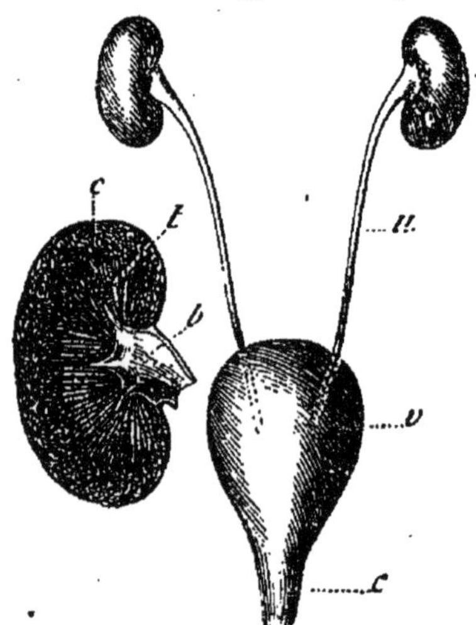

Fig. 29. — Appareil urinaire. — *ruvc*, l'appareil vu dans son ensemble. — *r*, rein. — *u*, uretère. — *v*, vessie urinaire. — *c*, col de la vessie. — *ctb*, coupe d'un des reins. — *c*, substance corticale. — *t*, substance tubuleuse. — *b*, bassinet.

Ce produit consiste en un liquide jaunâtre, presque entièrement composé d'eau, et dont la quantité, la densité, la coloration, la composition chimique varient suivant une foule de circonstances, telles que l'état de santé, le régime, la saison, la température, la nature et la quantité des boissons ingérées.

C'est par l'intermédiaire de la sécrétion rénale que sont emportées au dehors diverses substances absorbées par les parois du tube intestinal, mais qui, de leur nature, ne sauraient servir à l'entretien de nos organes et en devenir parties intégrantes. La séparation de ces substances se fait avec une incroyable rapidité; il faut souvent à peine quelques minutes pour qu'elles passent dans la sécrétion rénale.

Deux produits azotés, l'*urée* et l'*acide urique*, se montrent dans cette sécrétion avec une constance et une fixité qui semblent indiquer les reins comme les organes chargés de débarrasser l'organisme de l'excès de matériaux azotés qu'il peut contenir. Chaque jour nous perdons ainsi 30 grammes environ d'urée et 1 gramme d'acide urique; ce qui correspond à 13 ou 14 grammes d'azote.

Chez les oiseaux et les reptiles, les excréments sont presque entièrement constitués par l'urée et l'acide urique. Dans plusieurs îles, particulièrement sur la côte du Pérou, les excréments déposés depuis des milliers d'années par les oiseaux de mer forment des couches considérables d'une matière très-appréciée comme engrais. Les navires du commerce en rapportent en Europe des quantités énormes.

La sécrétion rénale renferme différents sels, phosphates, urates, oxalates de chaux, de magnésie, etc., dont la solubilité dans l'eau est peu considérable. Il suffit parfois d'assez faibles modifications dans la constitution du liquide pour qu'ils soient précipités. Lorsque cette précipitation a lieu sous forme pulvérulente, elle donne naissance aux *graviers urinaires ;* mais, lorsque les particules s'unissent, il en résulte les concrétions connues sous le nom de *pierres ou calculs*.

Sécrétion de la graisse. — La graisse joue un rôle important dans notre économie. Interposée entre les divers tissus, elle favorise leurs glissements réciproques; accumulée sur certains points, elle forme autour des organes une enveloppe protectrice. La couche graisseuse qui sépare la peau des muscles contribue encore d'une manière très-efficace à empêcher la déperdition du calorique produit dans nos combustions intérieures. Ce résultat est dû au peu de conductibilité de la graisse pour la chaleur. Les animaux qui habitent les régions polaires sont en général extrêmement gras, et cette disposition les met en état de résister aux froids excessifs qu'ils sont obligés de supporter pendant la plus grande partie de l'année. La graisse peut, enfin, être considérée comme une réserve de matières propres à entretenir la combustion respiratoire. Lorsque l'alimentation, pour une cause ou pour une autre, cesse de fournir ce qui nous est nécessaire sous ce rapport, nous respirons aux dépens de la graisse même renfermée dans notre organisme, et alors nous maigrissons.

La sécrétion de la graisse a pour siége de petites vésicules nommées *vésicules adipeuses*, lesquelles sont logées dans les interstices du tissu cellulaire. Cette sécrétion est plus ou moins abondante ; de là presque toute la différence qui existe entre la maigreur et l'obésité. Chez les animaux que l'on destine à notre alimentation, on cherche à développer, à exagérer autant que possible, la production de la graisse, et l'on détermine ainsi chez eux une véritable maladie, dont nous rencontrons parfois des exemples dans l'espèce humaine. On cite des individus qui pesaient jusqu'à deux cents kilogrammes. Chez un homme de corpulence ordinaire, la graisse représente à peu près un vingtième du poids du corps.

ASSIMILATION

Objet. — L'assimilation est la fonction par laquelle les matériaux que l'absorption a introduits du dehors prennent place dans les tissus et en deviennent une partie intégrante. Ces éléments réparateurs ne présentent point encore, au moment de leur introduction, les conditions requises pour qu'ils soient incorporés immédiatement à notre substance. Ils doivent auparavant subir certaines modifications dont la nature nous échappe et dont le siége même n'est pas encore exactement déterminé. Nous avons vu, dans les chapitres précédents, que les produits de l'absorption passent tous dans le sang, et que ce liquide, grâce aux divisions infinies des vaisseaux, baigne, pour ainsi dire, chaque molécule de nos organes. Le sang est donc le véhicule nécessaire de tous les éléments destinés à être assimilés. Il les promène successivement à travers les différents organes où ils doivent se modifier; il les conduit, enfin, dans les différentes parties de l'économie où ils doivent se fixer d'une manière stable.

Comment se fait-il que chaque organe emprunte au sang précisément, uniquement, les matériaux qui lui sont indispensables; que les os, par exemple, prennent des sels minéraux et de la gélatine, les muscles, de la fibrine? A cette question, il n'est guère possible de répondre que par des hypothèses plus ou moins ingénieuses, mais toujours peu satisfaisantes.

Siége. — Le siége des phénomènes d'assimilation semble devoir être placé dans les dernières ramifications du système capillaire artériel : les observations microscopiques les plus délicates nous montrent chaque fibre, chaque cellule, en contact immédiat avec plusieurs de ces vaisseaux; nous savons que leurs parois sont d'une minceur dont nulle gaze ne pourrait nous donner une idée, et que, par conséquent, les actions osmotiques doivent s'y produire avec une facilité merveilleuse. Mais ici encore nous ne raisonnons que par conjectures, tant le sujet se montre rebelle à nos moyens d'investigation.

Emploi des matériaux assimilés. — L'emploi des matériaux assimilés par l'organisme peut être rapporté : 1° à l'accroissement du corps, tant que celui-ci n'est pas parvenu à son état de complet développement; 2° au renouvellement régulier des éléments organiques; 3° à la création de principes nouveaux, dont les uns demeurent fixés dans l'économie, et dont les autres, après avoir pris une part plus ou moins active dans le jeu des diverses fonctions, sont éliminés au dehors.

Accroissement. — Depuis la naissance jusqu'à l'époque que l'on appelle âge adulte, le corps acquiert une augmentation de poids et de volume qui résulte nécessairement des emprunts faits à l'extérieur et consacrés par l'assimilation. Si l'on divise la différence de poids qui existe entre l'enfant nouveau-né et l'homme parvenu au terme de sa croissance par le nombre des jours qui séparent ces deux époques de la vie, on constate que notre développement s'effectue d'une manière presque insensible, et que le chiffre moyen de l'accroissement journalier dépasse à peine 5 ou 6 grammes. L'enfant, à sa naissance, pèse en moyenne 3 kilogrammes.

Pour le poids comme pour le volume, l'espèce humaine se trouve renfermée dans des limites qui ne sont guère franchies que par des individus isolés. On considère généralement en France le poids de 65 kilogrammes comme représentant le poids moyen de l'individu à l'âge adulte, et la taille de 1 mètre 60 centimètres comme représentant, pour le même âge, la taille moyenne des deux sexes. La taille moyenne des hommes est de 1 mètre 65 centimètres, et celle des femmes, de 1 mètre 55 centimètres.

Renouvellement. — Il existe encore aujourd'hui de profondes divergences d'opinion relativement au renouvellement de la matière organisée. Suivant les uns, le corps, une fois formé, n'éprouverait plus, dans sa constitution, que des modifications peu considérables, et ces modifications porteraient particulièrement sur différents produits qui rentrent dans la catégorie des sécrétions, comme les cheveux, les ongles, l'épiderme, etc. Suivant d'autres, notre organisme tout entier serait le siége d'un travail de renouvellement continuel; chaque molécule, après avoir un instant vécu de sa vie propre au milieu de ce tourbillon, serait bientôt rejetée au dehors et remplacée par un élément nouveau et sans doute plus actif. Dans cette dernière supposition, on a été jusqu'à calculer le temps nécessaire pour le complet renouvellement de la substance du corps; il faudrait, d'après les uns, sept années, et, d'après les autres, quatre et même trois années seulement. Ces calculs sont, comme on le pense bien, purement hypothétiques.

Création de produits nouveaux. — Notre corps est un véritable laboratoire ou plutôt un assemblage de petits laboratoires toujours en action. Les opérations chimiques qui s'y produisent emploient et dénaturent une grande quantité d'éléments organiques.

L'organisme des animaux, de même que celui des plantes, possède incontestablement la faculté de produire divers principes immédiats, soit des principes non azotés, comme ceux des matières grasses, soit des principes azotés, comme l'urée, l'acide urique et certains éléments des sécrétions.

Ainsi, des recherches récentes établissent que nos animaux domestiques peuvent, d'une part, acquérir un certain embonpoint sans recevoir de graisse avec leurs aliments, et, d'autre part, déposer dans leurs tissus une proportion de cette substance bien supérieure à celle qu'ils tirent de l'alimentation.

Cette remarquable faculté de former des principes immédiats paraît sensiblement plus limitée chez les animaux que chez les plantes. Elle semble se restreindre à mesure que l'organisation se complique, comme si son étendue devait être en raison inverse du perfectionnement organique. Néanmoins, elle se montre toujours en rapport avec les besoins de la vie, car, dans les êtres vivants, tout est réglé en vue de la destination, et dès qu'un résultat est nécessaire, les moyens à l'aide desquels il peut être obtenu se trouvent immédiatement réalisés.

Les lieux d'élaboration de ces divers principes sont multiples. La détermination exacte, pour telle ou telle substance particulière, en est toujours fort difficile. On sait bien, par exemple, qu'il se dépose de la graisse dans certains tissus, dans d'autres, des sels calcaires; mais on ne sait trop où ces matières se constituent; on est embarrassé pour préciser les agents matériels qui concourent à leur formation; enfin, le plus souvent, on ne pourrait dire d'une manière certaine si le siége de leur production est localisé ou s'il est disséminé.

CHAPITRE VI

FONCTIONS DE RELATION. — SYSTÈME NERVEUX

Objet des fonctions de relation. — Classification. — Système nerveux. — Substance nerveuse. — Divisions du système nerveux. — Système cérébro-rachidien. — Encéphale. — Membranes. — Cerveau. — Cervelet. — Moelle allongée. — Nerfs crâniens. — Moelle épinière. — Nerfs rachidiens. — Distribution. — Système nerveux grand sympathique. — Disposition. — Plexus.

FONCTIONS DE RELATION

Objet. — Ces fonctions nous servent d'intermédiaires dans nos relations avec le monde extérieur; nous leur devons la possibilité de percevoir nos rapports avec les objets qui nous entourent, et, en même temps, celle de modifier ces rapports spontanément, c'est-à-dire sous l'inspiration de notre volonté; si nous avons le sentiment du voisinage d'un objet agréable ou désagréable, nous possédons aussi le moyen de nous en rapprocher ou de nous en éloigner.

Les fonctions de relation n'existent pas dans le règne végétal; les animaux seuls en sont pourvus, mais toutefois à des degrés bien inégaux : à peine en rencontre-t-on des vestiges dans les dernières divisions de la série zoologique.

Classification. — On partage les fonctions de relation en deux catégories : 1° les fonctions de *sensation*, qui nous donnent la perception de nos rapports avec le monde extérieur; 2° les fonctions de *locomotion*, qui nous donnent la faculté de les modifier. A ces deux ordres de fonctions se rattachent différents appareils, tels que les *appareils des sens*, l'*appareil osseux*, l'*appareil musculaire* ; aux unes et aux autres, préside un système unique, le *système nerveux*, dont il a souvent été question déjà dans les chapitres qui précèdent, car il domine aussi tous les phénomènes de la vie de nutrition.

SYSTÈME NERVEUX

Substance nerveuse. — Les différentes parties de ce système sont constituées par une pulpe molle et sans grande consistance, tantôt blanche, tantôt grisâtre, la substance *nerveuse.* C'est par une grossière erreur de langage que l'on applique le nom de *nerfs* aux parties dures et résistantes de la viande, lesquelles ne sont autre chose que les tendons ou extrémités des muscles. La substance nerveuse renferme 87 pour cent d'eau, 8 d'albumine et 5 de matière grasse phosphorée. La proportion du phosphore est d'un peu plus de 1 pour cent. Ce dernier élément se dégage, dans la décomposition des corps morts, sous forme de gaz hydrogène phosphoré, et l'on attribue à son inflammation spontanée les feux pâles qui errent parfois la nuit dans les cimetières.

On distingue dans le tissu nerveux deux sortes d'éléments, des *fibres* et des *cellules.* Les *fibres* se montrent généralement sous la forme de tubes remplis par une matière grasse semi-fluide, avec un axe central de nature albumineuse. Leur ténuité est très-grande ; un filet nerveux d'un millimètre carré de section en présente jusqu'à 16,000, disposées parallèlement, et sans aucune communication les unes avec les autres.

Les *cellules* affectent trois formes caractéristiques, la forme arrondie, la forme d'étoile, la forme de fuseau. Cette différence dans la forme semble correspondre à des différences très-considérables dans les fonctions ; les cellules *étoilées*, qui sont en même temps les plus grosses, donnent naissance aux fibres nerveuses du *mouvement*, les cellules *fusiformes*, aux fibres de la *sensibilité*, et, enfin, les cellules *rondes*, aux fibres de la *vie organique*.

Un tissu cellulaire, nommé *tissu conjonctif*, enveloppe les fibres et les cellules et sert à les isoler.

Sur certains points, le tissu nerveux constitue des cordons allongés, sur d'autres, des masses d'un volume et d'une configuration variables. Les cordons sont les *nerfs ;* les masses ont reçu le nom de *ganglions* et de *centres nerveux.*

Divisions du système nerveux. — On groupe habituellement de la manière suivante les différentes parties dont se compose le système nerveux.

1° *Système cérébro-rachidien*, ou *cérébro-spinal*, comprenant l'*encéphale*, la *moelle épinière*, et les *nerfs* qui s'en détachent pour se distribuer aux différents organes.

2° *Système grand-sympathique*, formant de chaque côté du corps une série de petites masses ou *ganglions*, reliées entre elles par d'innombrables ramifications nerveuses.

SYSTÈME NERVEUX CÉRÉBRO-RACHIDIEN

Le système cérébro-rachidien se compose d'une masse centrale, l'*encéphale*, d'un appendice terminal, la *moelle épinière*, et d'un *réseau nerveux* dont les ramifications prennent toutes leur insertion, soit sur l'encéphale, soit sur la moelle épinière.

Encéphale. — On réunit sous ce nom les divers organes contenus dans la cavité du crâne, savoir : le *cerveau*, le *cervelet*, la *moelle allongée*.

Membranes. — Trois membranes, la *dure-mère*, l'*arachnoïde* et la *pie-mère*, séparent l'encéphale des parois osseuses qui le protégent extérieurement. Ces enveloppes se continuent en se confondant autour de la moelle épinière et même autour des nerfs, dont elles constituent l'enveloppe spéciale ou *névrilème*.

La *dure-mère*, membrane fibreuse très-résistante et directement appliquée contre les os du crâne, envoie deux prolongements, l'un dans la profonde scissure qui sépare les hémisphères du cerveau, l'autre dans l'intervalle qui existe entre le cerveau et le cervelet ; il en résulte que ces diverses parties, malgré leur voisinage, ne peuvent presser les unes contre les autres.

L'*arachnoïde*, membrane séreuse extrêmement mince, sécrète un liquide séreux qui occupe toutes les lacunes laissées par la matière nerveuse, soit dans la boite du crâne, soit dans le canal vertébral.

La *pie-mère* revêt immédiatement la surface des divers organes encéphaliques. Un grand nombre de vaisseaux sanguins la parcourent avant de s'enfoncer dans le tissu sous-jacent. Différentes causes, la chaleur, les émotions vives, etc., sont susceptibles de déterminer dans les vaisseaux de l'encéphale des engorgements ou accumulations de sang, et, par suite, une compression fort dangereuse de la pulpe délicate qu'ils traversent; telle est l'origine des *apoplexies*.

Cerveau. — Cet organe constitue à lui seul la presque totalité de la masse nerveuse contenue dans la cavité du crâne. Son poids moyen, chez l'homme, atteint souvent 1,200 grammes, tandis que le cervelet ne pèse que 180 grammes environ, la moelle allongée, 25 à 30 grammes, et la moelle épinière, 30 grammes. Le cerveau occupe la partie antérieure et supérieure du crâne; une scissure médiane très-profonde le divise en deux hémisphères, lesquels sont partagés à leur tour en plusieurs lobes et renferment chacun intérieurement une cavité ou *ventricule*. La surface présente un certain nombre d'anfractuosités et de saillies; ce sont les *circonvolutions cérébrales*. La substance de la superficie est grise; celle du centre, blanche.

Cervelet. — Le cervelet occupe la partie postérieure et inférieure du crâne; il est séparé du cerveau par un prolongement transversal de la *dure-mère* appelé *tente du cervelet*. Extérieurement, il présente, au lieu de circonvolutions, un grand nombre de stries parallèles; intérieurement, la substance blanche, en pénétrant plus ou moins profondément dans la substance grise, dessine des sortes d'arborisations, qu'il est facile d'apercevoir en fendant le cervelet d'un mouton, et que les anatomistes ont nommées l'*arbre de vie*. Le cervelet ne renferme point de cavité intérieure; mais, en dessous et en avant, existent deux *ventricules*, qui communiquent avec les ventricules du cerveau.

Moelle allongée ou *isthme de l'encéphale.* — On désigne ainsi la partie de l'encéphale qui réunit le cerveau et le cervelet à la moelle épinière. De la région postérieure des deux premiers organes se détachent des colonnes volumineuses figurant des sortes de tiges ou de pédoncules; de là leur nom de *pédoncules cérébraux* et *cérébelleux*. En dessous, passe transversalement une bandelette épaisse, la *protubérance annulaire* ou *pont de Varole;* en dessus, entre le cerveau et le cervelet, on remarque de petites éminences, les *lobes optiques* ou *tubercules quadrijumeaux*. La réunion des pédoncules du cerveau et du cervelet forme le *bulbe rachidien*. Les faisceaux du bulbe, au nombre de six, quatre en avant et deux en arrière, se continuent directement avec ceux de la moelle épinière. Les deux antérieurs moyens, ou *pyramides antérieures*, qui viennent du cerveau, s'entre-croisent de telle sorte que les fibres originaires de l'hémisphère gauche composent la pyramide droite, et celles de l'hémisphère droit, la pyramide gauche. Cet entrecroisement explique pourquoi, dans les *paralysies*, c'est souvent la partie du corps opposée à l'hémisphère malade qui se trouve privée de la sensibilité ou du mouvement,

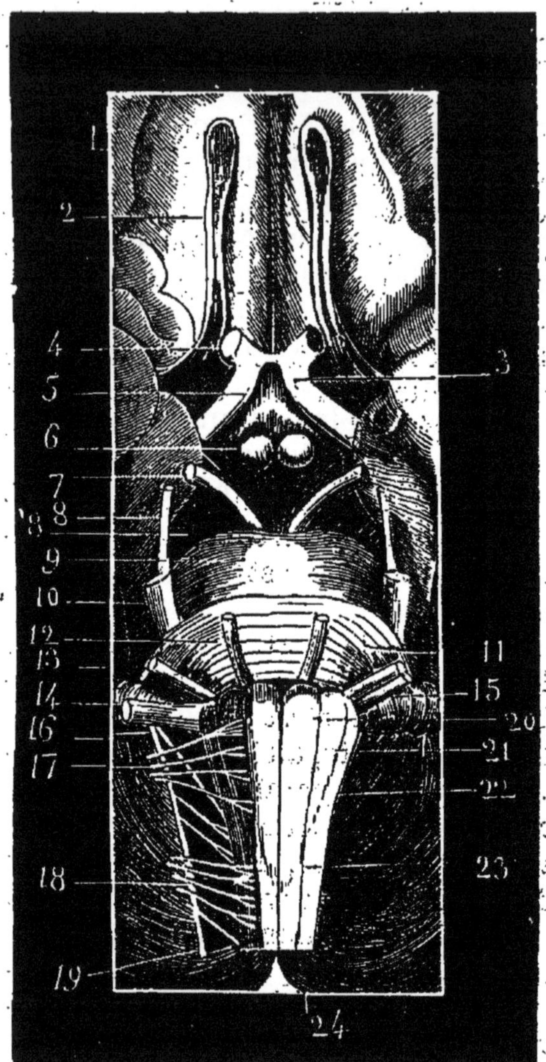

Fig. 30. — Encéphale vu en dessous, avec la naissance des nerfs crâniens.

Isthme de l'encéphale; nerfs crâniens. — 1. Lobe antérieur du cerveau. — 2. Nerf olfactif. — 3, 5, 5. Nerfs optiques et leur entrecroisement. — 6. Eminences mamillaires. — 7. Nerf moteur oculaire commun, 3e paire. — 8. Nerf pathétique, 4e paire. — 8. Pédoncules cérébraux. — 9 et 11. Protubérance annulaire. — 10. Nerfs trijumeaux. — 12. Nerf moteur oculaire externe, 6e paire. — 13 et 15. Nerf facial et nerf auditif. — 14. Nerf pneumo-gastrique. — 16 et 17. Racines du nerf spinal. — 18. Racines du nerf hypoglosse. — 19. Racine de la 1re paire cervicale. — 20. Pyramides antérieures. — 21 et 22. Faisceaux latéraux et postérieurs du bulbe. — 23. Point où s'entrecroisent les fibres dans les pyramides antérieures. — 24. Partie postérieure du cervelet.

Nerfs crâniens. — Ces nerfs, ainsi nommés parce qu'ils

prennent leur insertion à l'intérieur du crâne, sur l'encéphale, forment les 12 premières paires du système nerveux, lequel en compte 43. Leurs fonctions sont très-diverses. On les classe dans l'ordre suivant :

1re paire. *Nerfs olfactifs* ; — se rendent dans les fosses nasales et président à l'odorat.

2e paire. *Nerfs optiques;* — se rendent dans l'œil, après s'être entre-croisés, et président à la vision.

3e, 4e et 6e paires. *Nerfs moteurs oculaires;* — se rendent aux muscles de l'œil, dont ils gouvernent les mouvements.

5e paire. *Nerfs trijumeaux;* — se distribuent aux différentes parties de la face et président à la *sensibilité.*

7e paire. *Nerfs faciaux;* — se distribuent aux mêmes parties que les trijumeaux, mais président aux *mouvements;* ce sont eux qui donnent à la physionomie sa mobilité et son animation.

8e paire. *Nerfs auditifs;* — se rendent dans l'oreille interne et président à l'audition.

9e paire. *Nerfs glosso-pharyngiens;* — se rendent dans la langue et président à la sensibilité de cet organe.

10e paire. *Nerfs pneumo-gastriques;* — descendent dans le thorax et l'abdomen, et président à toutes les grandes fonctions organiques, respiration, digestion, circulation, etc.

11e paire. *Nerfs spinaux ;* — se rendent au larynx, au pharynx et à différents muscles; ce sont des *nerfs moteurs.*

12e paire. *Nerfs hypoglosses;* — président à la motilité de la langue.

Moelle épinière. — La *moelle épinière*, continuation directe de la moelle allongée, occupe le canal creusé dans la colonne vertébrale et descend jusqu'à la région des reins. Sa substance est grise à l'intérieur et blanche extérieurement, disposition inverse de celle qu'on observe dans l'encéphale. Les divers faisceaux qui la composent sont séparés par des sillons réguliers; ils présentent des renflements sur les points où les nerfs des membres supérieurs et inférieurs prennent leur origine.

Accidents de la moelle. — La substance de la moelle est extrêmement délicate. Il suffit d'un ébranlement un peu violent, d'une pression un peu forte, pour déterminer la mort, quelquefois presque instantanément. C'est ce qui arrive, par exemple, lorsque les vertèbres, celles du cou en particulier, se trouvent luxées, c'est-à-dire dérangées dans leurs rapports réciproques, et que leurs surfaces articulaires cessent de se correspondre exactement. Dans les pays où l'on pend, si le patient semble résister à la strangulation, les exécuteurs se cramponnent brusquement à ses jambes et à ses épaules, afin de luxer l'articulation de la tête avec les premières vertèbres. Des personnes imprudentes ont parfois causé, par une luxation semblable, la mort de jeunes enfants qu'elles soulevaient de terre en les tenant suspendus par les côtés de la tête. Lorsque, dans une chute, on tombe sur les talons, le contre-coup peut se faire sentir sur la moelle épinière et produire une commotion non moins funeste.

Nerfs rachidiens. — Les 31 paires de *nerfs rachidiens*, c'est-à-dire de nerfs originaires de la moelle ou *rachis*, se partagent en 8 paires *cervicales*, 12 *dorsales*, 5 *lombaires* et 6 *sacrées*. Ces nerfs sortent du canal vertébral par des ouvertures latérales nommées *trous de conjugaison*. Leurs racines sont doubles : les antérieures viennent uniquement de la substance blanche; les postérieures sont formées d'un mélange de substance blanche et de substance grise. Les rameaux issus de ces deux branches primitives se partagent bientôt eux-mêmes d'une manière infinie. Les filets nerveux se mêlent, se confondent, et il en résulte un réseau inextricable qui couvre toutes les surfaces, pénètre tous les organes, et défie les recherches de l'anatomiste le plus patient. Toutefois, malgré cet apparent désordre, on a pu reconnaître que chaque fibre nerveuse conservait dans tout son parcours ses caractères et son identité. Les enchevêtrements résultent d'un simple accolement de fibres qui suivent, sur une certaine étendue, la même direction, puis se séparent pour aller se juxtaposer plus loin à d'autres fibres. Il n'y a donc là rien de semblable aux anastomoses des vaisseaux sanguins.

On appelle *plexus* les enchevêtrements des branches nerveuses. Les 4 premières paires cervicales forment le *plexus cervical* destiné au cou; les 4 suivantes, le *plexus brachial*, dont les branches se répandent dans le membre supérieur. Les nerfs dorsaux, qui se distribuent au tronc, sont remarquables par la simplicité de leur direction; ils n'ont point de plexus. Les nerfs lombaires se réunissent

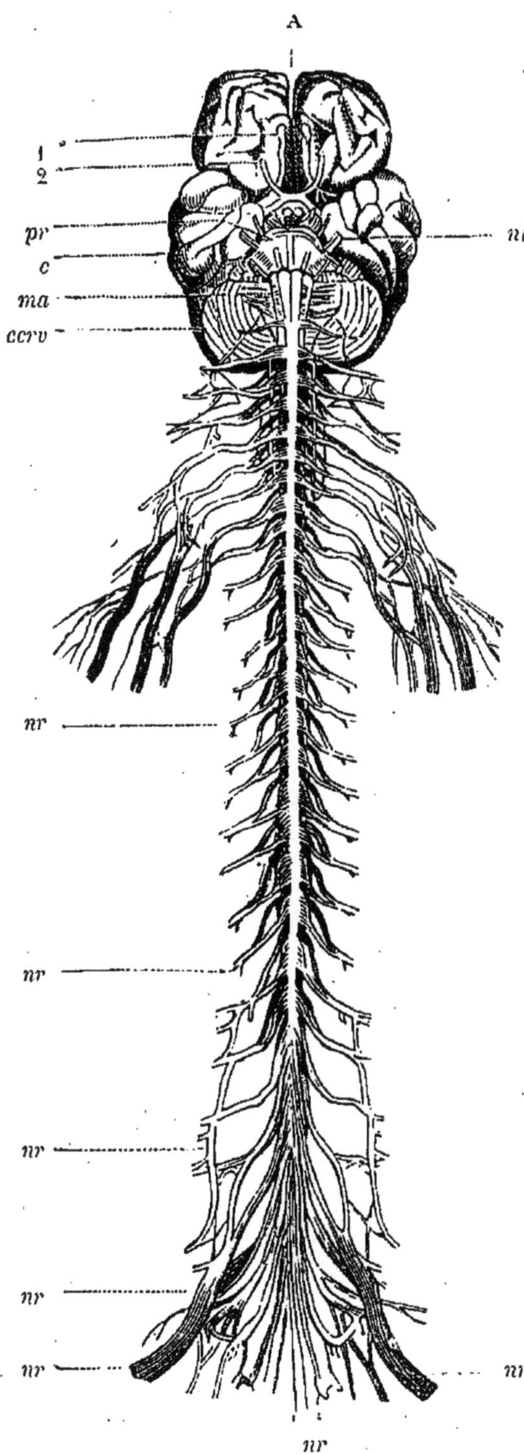

Fig. 31. — Système nerveux cérébro-rachidien. — A, grande scissure qui sépare le cerveau en deux hémisphères. — *c*, cerveau. — 1, nerf de l'odorat. — 2, nerf de la vision. — *nt*, nerf trijumeau. — *pr*, protubérance annulaire. — — *cerv*, cervelet. — *ma*, moelle allongée, origine de la moelle épinière. — *nr*, nerfs rachidiens, émanant de la moelle épinière.

en un plexus volumineux et situé profondément, le *plexus lombaire*. Enfin, de la réunion des premières paires sacrées résulte le *plexus sacré*, qui aboutit à un tronc aplati, le *grand nerf sciatique*, à la fois le plus gros et le plus long de tous les nerfs de notre économie. Ce nerf dessert le membre inférieur; il envoie des rameaux dans toutes les parties de la jambe et du pied. Les douleurs *sciatiques* sont des douleurs nerveuses extrêmement aiguës, souvent très-persistantes, et revenant par accès, lesquelles se font sentir sur toute la direction du nerf sciatique.

Les principales divisions des nerfs tirent généralement leur nom des parties qu'elles traversent; c'est ainsi qu'il y a un nerf *crural*, un nerf *brachial*, un nerf *cubital*, etc. En suivant, par un travail attentif, le trajet des nerfs à travers les organes, on voit les derniers filets terminaux des nerfs de la locomotion pénétrer dans le tissu musculaire, et ceux des nerfs de la sensibilité générale se disribuer dans l'épaisseur même de la peau.

SYSTÈME NERVEUX GRAND-SYMPATHIQUE

Disposition; plexus. — Ce système ne se présente point sous une forme aussi nette que le précédent. Les parties les plus saillantes sont les *ganglions*, petites masses nerveuses qui composent, des deux côtés du corps, une sorte de double chaîne. Quant aux cordons nerveux appartenant au système grand-sympathique, tel est l'enchevêtrement de leurs fibres avec celles du système cérébro-rachidien, qu'il n'existe pas un rameau nerveux qui ne renferme, bien qu'en des proportions différentes, des éléments appartenant aux deux systèmes.

Si l'on considère que les cellules rondes, point de départ des fibres du grand-sympathique, se trouvent, dans toutes les parties du tissu nerveux, mélangées à des cellules fusiformes et étoilées, on est obligé de reconnaître qu'il faut beaucoup modifier aujourd'hui l'opinion que l'on s'était faite autrefois de l'isolement du système nerveux de la vie organique.

Dans le système *grand-sympathique*, l'arrangement en plexus reparaît à chaque instant et sous ses formes les plus compliquées. Chaque organe important possède un plexus de cette espèce; on rencontre un plexus *cardiaque*, un plexus *mésentérique*, un plexus *rénal*, un plexus *hypogastrique*. Ce dernier, placé, comme son nom l'indique, dans la portion supérieure de l'abdomen, pourrait, jusqu'à un certain point, représenter le centre du système : on l'appelle même quelquefois *cerveau abdominal*.

CHAPITRE VII

FONCTIONS DU SYSTÈME NERVEUX

Étendue des fonctions du système nerveux. — Nature. — Analogie. — Différences d'attributions. — Système grand-sympathique. — Système cérébro-rachidien. — Encéphale. — Moelle épinière. — Nerfs.

Etendue. — Le système nerveux est le siége de la sensibilité, des perceptions intellectuelles, de la production des mouvements volontaires et involontaires; il préside en même temps aux actes de la nutrition et des sécrétions, et régit ainsi les fonctions de l'économie tout entière.

Il est aisé de constater l'influence universelle de ce système. Partout où l'on supprime l'action nerveuse, les fonctions s'interrompent, la vie est anéantie dans toutes ses manifestations; que l'on coupe les nerfs qui se distribuent aux reins, immédiatement ces organes cessent de produire leur sécrétion ordinaire; que l'on coupe les différents nerfs qui se rendent à un membre, ce membre perd sur-le-champ toute sensibilité, toute possibilité de se mouvoir. C'est là une loi à laquelle on ne connaît point d'exception.

Nature. — Savons-nous aussi bien quelle est la nature de l'action exercée par le système nerveux? Non, malheureusement, et cette question, malgré tous les progrès de la science, reste encore actuellement dans la même obscurité qu'au premier jour. On a parfaitement étudié la structure, la composition chimique de la substance nerveuse; mais cette étude toute matérielle ne nous a rien révélé sur la nature même du mystérieux agent qui semble avoir établi dans ce tissu sa résidence. Lorsqu'un muscle agit pour produire le mouvement, on le voit se gonfler, se raccourcir, mettre en jeu sa contractilité; mais quand un nerf agit pour transmettre un ordre de la volonté, une impression des sens, il est aussi impossible de saisir le moindre changement dans ses conditions physiques, qu'il est impossible de pénétrer les secrets du fil de métal qui transmet les signaux de la télégraphie électrique.

Cette analogie n'est pas la seule qui rapproche le fluide électrique et le fluide nerveux. L'électricité peut produire d'une manière souvent frappante certains actes qui dépendent du système nerveux, les mouvements par exemple; et plusieurs physiologistes sont même partis de ce fait pour admettre entre les deux fluides une assimilation complète. Les expériences les plus décisives infirment des théories qui répugnent au sentiment de notre dignité, et dont l'exagération tendrait à faire de l'homme une sorte de pantin électrique. L'action nerveuse est une action de nature spéciale, qui possède des caractères tout à fait distincts, et qui constitue, sous l'influence de la vie, l'apanage exclusif du règne animal. Si, parfois, on a pu la comparer légitimement à d'autres actions, c'était uniquement lorsqu'il s'agissait d'en faire comprendre les effets et le mode de manifestation.

Différences d'attributions. — Les différentes parties du système nerveux ont chacune des attributions particulières. La nutrition, la sensibilité et le mouvement, ne sont point placés sous l'influence des mêmes centres.

La nutrition relève en très-grande partie du système grand-sympathique; aussi a-t-on donné à ce système le nom de *système nerveux de la vie organique*. La sensibilité et le mouvement dépendent, au contraire, du système cérébro-rachidien. Si l'on rencontre à peu près partout des ramifications nerveuses appartenant à l'un et à l'autre système, c'est que tous nos organes vivent et se nourrissent, et que tous, en même temps, jouissent à un certain degré de la sensibilité, si ce n'est du mouvement.

Le système grand-sympathique présente une distribution tellement compliquée, qu'il n'est guère possible d'assigner un rôle spécial à ses différentes parties. Il n'en est pas de même du système cérébro-rachidien, et nous possédons déjà un ensemble de faits assez complet sur les divers modes d'action qui caractérisent le cerveau, le cervelet, la moelle allongée, la moelle épinière et les nerfs.

Fonctions du cerveau. — Tout en reconnaissant la nature purement immatérielle du principe qui entretient en nous la vie et l'intelligence, nous pouvons déterminer les points où se trouvent localisés d'une manière plus spéciale les divers phénomènes dont ce principe est le souverain promoteur. C'est ainsi que nous sommes conduits, par le résultat de toutes les observations scientifiques, à considérer le cerveau comme une sorte d'organe d'élaboration, dans lequel les impressions perçues par les sens prennent une forme susceptible de laisser des traces et des sensations durables. Répétons encore que cette manière de voir n'implique aucune contradiction avec la croyance en la spiritualité de l'âme : relativement au principe immatériel qui réside en nous, le cerveau ne représente pas autre chose qu'un instrument merveilleusement organisé pour nous servir d'intermédiaire dans nos rapports avec le monde extérieur.

L'expérience semble démontrer que l'extension de nos facultés est dans une étroite liaison avec l'état matériel du cerveau. Il est certain que l'arrêt de développement de cet organe, que sa défectueuse conformation au moment de la naissance, et que les lésions graves qui surviennent postérieurement, sont autant de causes suffisantes pour déterminer l'imbécillité ou l'idiotisme. Les idiots sont caractérisés par la diminution de volume du cerveau, et les animaux privés par une opération des lobes qui constituent cet organe perdent, en général, toute perception, toute intelligence. Ce phénomène n'a pas lieu quand on enlève les autres parties de l'encéphale. Au contraire, chez les individus qui se sont distingués par de hautes qualités intellectuelles, le cerveau paraît avoir offert constamment un développement anormal.

Les études relatives à la structure du cerveau sont devenues le point de départ d'une science fort en vogue il y a quelques années, la *phrénologie*. Les propagateurs de cette science prétendent qu'il existe dans les hémisphères cérébraux des siéges particuliers où se localisent les différentes facultés. Le développement des divers points de la surface cérébrale serait en rapport direct avec le développement des facultés logées intérieurement, et ce caractère se traduirait au dehors par des saillies ou *bosses* de l'enveloppe osseuse du crâne. Les *phrénologistes* invoquent en faveur de leur système un grand nombre d'observations faites sur des individus remarquables par leurs vertus ou leurs vices; mais il est inutile d'ajouter qu'ils se gardent de mentionner les faits non moins nombreux qui leur sont contraires. De longs débats se sont produits à cette occasion; on peut dire qu'il n'en est sorti ni la condamnation absolue de la phrénologie, ni la justification de ses prétentions au titre de science. Si, comme hypothèse, elle ne présente point d'impossibilité, il n'est aucunement démontré qu'elle soit vraie, en la considérant sous un point de vue général, et encore moins que les applications spéciales qu'on en a prétendu faire soient exactes.

Quand on recherche la part que prend le cerveau à l'accomplissement des deux ordres de phénomènes qui constituent les fonctions de relation, savoir : le *mouvement* et la *perception des impressions extérieures*, on constate que cet organe est le centre commun auquel viennent aboutir les impressions perçues par les nerfs, et qu'il est, en même temps, le siége de la volonté qui détermine les mouvements.

Si, par une section pratiquée sur un nerf qui vient de la membrane cutanée, on intercepte la communication de ce nerf avec le cerveau, les parties auxquelles il se distribuait perdent immédiatement toute sensibilité; on peut les brûler, les piquer, sans déterminer aucun signe de douleur. Comme les terminaisons du nerf en rapport avec la peau n'ont subi aucune modification, il faut bien admettre que les différentes parties de l'appareil sensitif remplissent chacune une fonction distincte, que les extrémités nerveuses qui reçoivent directement les impressions n'en ont personnellement aucune conscience, et qu'elles les transmettent d'une façon aussi passive, avec autant d'indifférence, que l'employé du télégraphe qui répète machinalement des dépêches chiffrées. C'est seulement lorsqu'elles arrivent au centre d'élaboration que les impressions reçoivent, pour ainsi dire, un corps et une forme.

Fonctions du cervelet et de la moelle allongée. — Le cervelet et la moelle allongée ou bulbe rachidien ne semblent pas concourir d'une manière sensible à l'exercice des facultés intellectuelles. Leur action se manifeste surtout dans les phénomènes relatifs aux mouvements, soit que ces mouvements se trouvent placés sous l'influence de la volonté, soit qu'ils possèdent, comme les mouvements du cœur et les mouvements respiratoires, une indépendance plus ou moins complète. On admet, en outre, assez généralement que la partie postérieure de l'encéphale, et le cervelet en particulier, remplissent le principal rôle dans l'exercice de certaines facultés, réunies par les auteurs sous le nom d'*instincts*, et qui se trouvent communes, dans une certaine mesure, à l'homme et aux animaux. Pour cette question, comme, au reste, pour toutes celles qui touchent l'encéphale, les différences d'organisation ne permettent guère qu'on applique rationnellement à l'espèce humaine le résultat d'expériences qui n'ont pu être faites que sur des animaux. Les divers organes contenus dans notre cavité crânienne présentent, sous le rapport anatomique, une liaison, une solidarité qui ne se manifeste point au même degré dans les autres espèces, et qui doit se traduire physiologiquement par une localisation des fonctions beaucoup moins précise.

Fonctions de la moelle épinière. — La moelle épinière est la continuation de l'axe cérébro-rachidien. Elle sert de trait d'union entre le centre et les extrémités du système nerveux, entre l'encéphale et les nerfs. Les nerfs qui viennent rejoindre la moelle y pénètrent par de doubles racines, dont les unes fournissent les fibres productrices du mouvement; les autres, celles de la sensibilité.

Indépendamment de son rôle un peu passif d'intermédiaire, la moelle jouit peut-être d'une initiative réelle à l'égard d'une certaine catégorie de mouvements placés en dehors de la volonté. Souvent, lorsque des circonstances particulières empêchent les impressions reçues par les organes des sens de parvenir jusqu'au cerveau et d'être transformées en sensations distinctes, ces impressions ne laissent pas de déterminer sur les nerfs moteurs une action en quelque sorte réfléchie, et qui n'a rien de commun avec celle que produisent les impressions élaborées dans l'encéphale. De là résultent ces mouvements que les physiologistes nomment *mouvements réflexes*, et dont on peut citer comme exemples : l'occlusion involontaire des paupières quand un objet est brusquement approché des yeux, l'éternuement que provoque le chatouillement de la membrane nasale, les mouvements d'une personne endormie pour échapper à une légère piqûre, etc.

Fonctions des nerfs. — Dans tout ce qui précède, il a été suffisamment question des fonctions des nerfs pour que nous nous contentions de rappeler que le rôle de ces organes est essentiellement réduit à la transmission des impressions recueillies par les sens et à celle des ordres émanés de la volonté.

CHAPITRE VIII

SENS — APPAREIL VOCAL

Organes des sens. — Nature des impressions. — Hallucinations. — Altération des impressions. — Illusions des sens. — Appareils sensitifs. — Toucher. — Siége. — Peau; structure; altérations. — Épiderme. — Tissu colorant. — Derme. — Papilles. — Glandes sébacées. — Poils. — Ongles. — Glandes sudorifères. — Goût. — Siége. — Saveurs. — Diversité d'impression. — Odorat. — Siége. — Odeurs. — Organes olfactifs. — Audition. — Siége. — Sons. — Oreille. — Mécanisme de l'audition. — Altérations de l'ouïe. — Vision. — Siége. — OEil et organes auxiliaires. — Altérations de la vision. — Appareil vocal. — Siége et mécanisme de la voix. — Analogie. — Étendue. — Timbre. — Intensité. — Voix de poitrine et de fausset. — Mutisme.

SENS

Organes des sens. — On nomme *organes des sens*, des organes placés sous la dépendance intime du système nerveux, et qui sont destinés à établir nos rapports avec le monde extérieur, c'est-à-dire avec les objets qui nous environnent. Ces objets ne nous sont connus que par les impressions qu'ils produisent sur nos sens. Une pomme est pour nous quelque chose qui présente aux doigts une certaine résistance, de certains contours; aux yeux, une certaine couleur particulière; au goût, à l'odorat, une saveur, une odeur également caractéristiques. Quatre modes d'impression bien distincts, le toucher, la vue, le goût, l'odorat, concourent, dans cette circonstance, à nous donner l'idée d'un objet. Toutes les fois que nous serons renseignés d'une manière aussi complète, nous risquerons peu de nous tromper dans nos appréciations; mais si, pour nous guider, nous sommes réduits à des indications d'une seule nature, à celles de la vue par exemple, l'erreur deviendra facile; la figure et la couleur d'une pomme habilement représentées sur une toile, dans un tableau, pourront tromper nos yeux et nous faire croire à la présence d'un fruit véritable. Admettons, d'un autre côté, que tous nos moyens de perception nous fassent défaut à la fois : la pomme disparaîtra, elle cessera d'exister pour nous.

Nature des impressions. — Les sens ne nous donnent pas de notions absolues relativement au monde extérieur. Toutes les fois qu'un objet agit sur l'un de nos organes sensitifs, il en résulte une impression qui n'est pas en rapport avec la nature de l'objet, mais avec celle de l'organe et de son mode particulier de transmission. La présence d'une bougie allumée détermine dans l'œil l'impression lumineuse; mais cette impression est également produite par un courant électrique qui traverse les paupières; elle est produite par un coup violent appliqué sur l'orbite. Ce sont trois impressions pareilles et qui se rapportent cependant à des causes bien différentes. Le seul fait incontestable dans nos impressions, c'est l'ébranlement des fibres sensitives. Le jugement coordonne, complète et souvent rectifie les impressions transmises au cerveau; il les rapporte à des objets particuliers auxquels elles correspondent. Néanmoins, dans un grand nombre de circonstances, nous sommes exposés à des illusions qui résultent de cette nature même de nos impressions.

Hallucinations. — On nomme *hallucination* un certain état d'esprit dans lequel les sensations sont provoquées, non par des agents matériels extérieurs, mais par des causes tout à fait intimes, comme la fièvre, la congestion du sang dans le cerveau. Alors, en plein état de veille, et jouissant en apparence de toutes nos facultés, nous entendons des bruits extraordinaires, nous voyons paraître des formes bizarres et fantastiques, nous assistons à des scènes imaginaires qui se gravent dans notre mémoire avec tout le caractère de la réalité. Le champ des illusions n'a pas de limites, car c'est une loi physiologique que : *toute sensation susceptible d'être produite par un agent extérieur peut l'être également par une excitation venue du dedans.*

Altération des impressions. — Les organes des sens se trouvent quelquefois dans certaines conditions morbides qui modifient profondément leur manière d'être, et, par suite, les impressions qu'ils nous transmettent. C'est ainsi qu'à plusieurs reprises, durant sa longue carrière scientifique, le célèbre astronome Arago passa par un état de la vision qui revêtait pour lui tous les objets d'une teinte bleue. Pour citer un fait général, on sait que la fièvre altère la fonction de la langue, et qu'elle rend toutes les saveurs à peu près uniformément désagréables.

Illusions des sens. — A côté de ces perturbations qui ont leur source dans un dérangement organique, il faut placer d'autres erreurs qui proviennent, pour ainsi dire, de surprises faites à notre jugement. Les ventriloques nous abusent en produisant à de courtes distances des sons qui frappent notre oreille de la même manière que des sons qui partiraient de très-loin. Le mouvement rotatoire d'un filet de verre étiré en spirale imite assez fidèlement, dans les horloges rustiques, l'effet d'une petite chute d'eau. D'un autre côté, si le charbon incandescent qu'on fait tourner avec rapidité au bout d'un fil détermine sur nos organes visuels l'impression d'un cercle de feu continu, cette illusion vient de ce que les impressions sensitives ont toujours une certaine persistance au-delà du moment où cesse l'action de l'objet qui les produit.

Appareils sensitifs. — Si l'on a bien saisi la nature des impressions transmises par les sens et leur rapport véritable avec les objets extérieurs, on admettra facilement qu'il pourrait exister des sens tout à fait différents de ceux que nous possédons, et que ces sens additionnels pourraient fort bien nous faire connaître des propriétés de la matière dont les nôtres ne nous fournissent même pas l'idée. Peut-être même une semblable hypothèse éclaircirait-elle, pour l'histoire des animaux, certains faits interprétés aujourd'hui d'une manière peu satisfaisante. Quoi qu'il en soit, dans l'examen physiologique des fonctions sensitives chez l'homme, nous n'avons à considérer que cinq appareils distincts, servant d'instruments à cinq sens nettement caractérisés : ceux du *toucher*, du *goût*, de l'*odorat*, de l'*ouïe* et de la *vue*.

Dans les conditions ordinaires, on est loin de rencontrer chez tous les individus un égal développement des organes sensitifs. Telle personne est douée d'une vue perçante, telle autre, d'une ouie très-subtile ou d'un palais très-exercé

On a vu des joueurs, par l'effet d'une longue pratique, distinguer les différentes cartes à la seule impression que les couleurs laissaient en passant sous leurs doigts. Les dégustateurs de profession déterminent quelquefois, rien qu'à l'odeur, le cru et l'âge des vins qu'on soumet à leur examen.

En même temps, on a pu remarquer que, fort souvent, la perte ou la débilité d'un sens se trouvait, jusqu'à un certain point, compensée par le développement des autres sens. Les aveugles ont, en général, l'oreille très-fine, le tact extrêmement délicat. On fabrique à leur usage des livres en caractères saillants, qu'ils lisent presque couramment avec les doigts. Pour l'exercice du toucher, diverses parties du corps, à défaut des organes habituels, peuvent se transformer en instruments d'une grande perfection. Un de nos bons peintres, mort récemment, était venu au monde sans bras : poussé par sa vocation, il réussit à exécuter avec les pieds des travaux d'un véritable mérite.

TOUCHER

Objet. — Le sens du *toucher* nous avertit du contact des objets environnants ; il nous donne des notions étendues sur différentes propriétés physiques et différentes manières d'être des corps, telles que la figure, les dimensions, la consistance, l'élasticité, le poids, la température, les mouvements de translation et ceux de vibration. C'est une forme particulière de cette sensibilité générale qui, sous l'impression des agents extérieurs, se manifeste d'une façon plus ou moins vague dans toutes les parties de notre organisation.

Siége. — Chez l'homme, le sens du toucher s'exerce sur toute la surface de la peau, mais plus spécialement sur divers points de cette membrane qui offrent un très-grand nombre de terminaisons nerveuses. Les endroits le mieux partagés sous ce rapport, sont : le bout de la langue, la face palmaire de l'extrémité des doigts, la partie rouge des lèvres et le bout du nez. Au contraire, la ligne médiane du dos, certaines portions du bras et de la cuisse ne possédent qu'une sensibilité très-obtuse.

Peau. — Cette vaste membrane, d'une superficie moyenne d'environ 1 mètre 33 décimètres, forme autour de notre corps une sorte de muraille qui nous sépare du monde environnant. Son épaisseur se trouve presque partout augmentée intérieurement par l'interposition d'une couche graisseuse, dont l'effet est d'empêcher la déperdition de la chaleur animale et de faciliter le glissement de la peau dans les mouvements.

La peau est pourvue d'un riche système vasculaire; elle jouit d'une grande vitalité, et les agents extérieurs l'impressionnent facilement. L'action du soleil, en particulier, y détermine souvent un état de congestion dont les suites peuvent être dangereuses. Les maladies si repoussantes et si tenaces que l'on désigne sous le nom de *maladies de la peau* doivent leur origine à un état inflammatoire du système vasculaire ou bien des terminaisons nerveuses. Les *engelures* résultent de l'engorgement des vaisseaux cutanés, sous l'influence du froid.

Les taches couleur lie de vin que l'on observe parfois à la surface de la peau sont le produit d'une altération locale du tissu même de cette membrane, dont les vaisseaux capillaires sont devenus variqueux et ont cessé d'exclure les globules. Les *signes* proviennent de l'accumulation de la matière colorante sur certains points. Il devrait être inutile d'ajouter qu'il ne peut exister rationnellement aucune relation entre la couleur, la configuration des taches ou des signes et les diverses envies qui se seraient manifestées chez la mère, antérieurement à la naissance de l'enfant qui présente ces particularités.

On distingue dans la peau trois couches superposées : l'*épiderme*, le *tissu colorant* et le *derme*.

Épiderme. — L'épiderme est un vernis mince, transparent, dépourvu d'organisation, qui protége la peau contre les actions extérieures, et qui, par son peu de perméabilité, empêche le passage des liquides, soit du dehors au dedans, soit du dedans au dehors. Sur les points exposés habituellement à des frottements ou à des compressions, cette couche prend une épaisseur considérable et constitue les *callosités* que l'on remarque au talon chez les individus qui marchent beaucoup, à la cheville chez les tailleurs, à la rotule chez les boulangers, à la paume de la main chez les ouvriers d'un très-grand nombre de professions. — La formation des *ampoules* est due à l'accumulation d'une certaine quantité de sérosité sous l'épiderme. Le contact de l'air est nuisible pour nos tissus intérieurs; il faut donc se contenter de donner issue au liquide par une petite ouverture et s'abstenir soigneusement d'enlever la pellicule qui recouvre l'ampoule avant que la sérosité ait disparu et qu'un épiderme nouveau se soit constitué sous les débris de l'ancien. C'est le derme qui sécrète la matière de l'épiderme, et cette matière, d'abord à demi-liquide, se solidifie en prenant la forme de petites écailles juxtaposées.

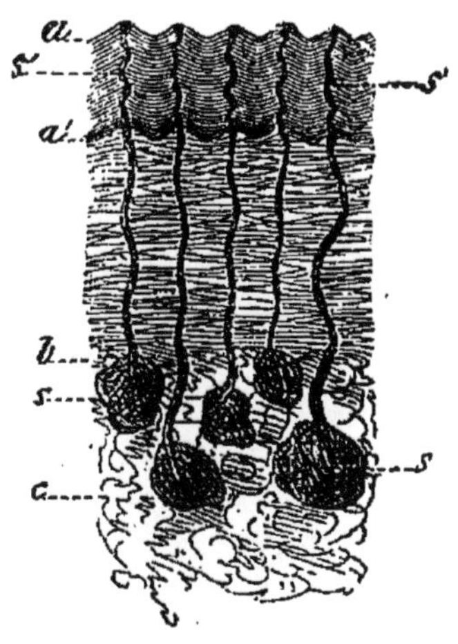

Fig. 32 — Structure de la peau. — *a*, épiderme. — *a'*, pigment. — *c*, tissu cellulaire sous-cutané. — *ss*, glandes de la sueur. — *s's'*, leurs canaux excréteurs.

Tissu colorant ou pigment. — Le pigment consiste en une multitude de granulations miscroscopiques, de couleur brune, appliquées immédiatement sur le derme, et qui, vues par transparence à travers l'épiderme, communiquent à la peau une teinte plus ou moins foncée, suivant les races et les individus. Chez les *albinos*, la matière colorante fait complétement défaut; de là, une peau blafarde et des cheveux incolores. Une fois détruit, le pigment ne se reproduit plus; des traces blanches ineffaçables, des *cicatrices*, marquent les endroits où il a été enlevé.

Derme. — Le derme forme au-dessous du tissu colorant une troisième couche, infiniment plus épaisse que les deux autres réunies et qui se compose de fibres très-résistantes, croisées et enchevêtrées dans toutes les directions. On distingue sous le nom de *papilles* de petites éminences coniques qui font saillie à la surface du derme, et dans lesquelles se terminent les dernières ramifications des nerfs de la sensibilité. Les papilles figurent à la surface de la peau des séries de ponctuations très-régulières et séparées par des sillons. Leur nombre toujours très-considérable devient véritablement prodigieux dans les endroits où s'exerce avec plus de délicatesse la perception tactile.

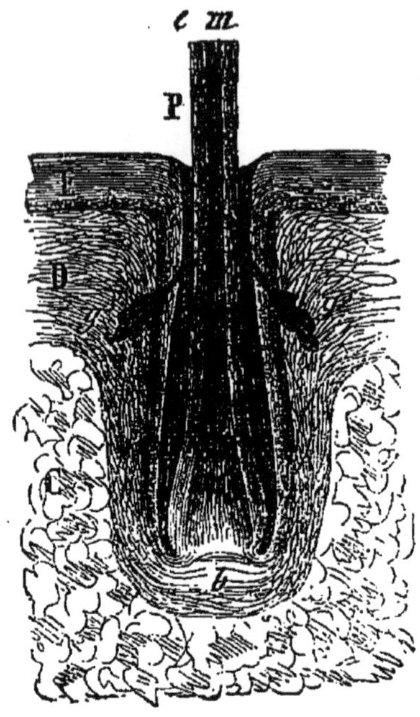

Fig. 33. — Bulbe pilifère vu à un grossissement de 20 diamètres.— — E, épiderme qui descend dans le bulbe jusqu'à la base du poil. — D, derme. — C, tissu cellulaire sous-cutané. — P, poil. — *b*, tubercule du derme, placé au fond du bulbe et sur lequel le poil se développe. — *gs*, glandes sébacées, dont la matière grasse se répand sur le poil. — *c*, substance corticale du poil. — *m*, substance médullaire.

Glandes sébacées. — Les glandes sébacées (fig. 33) habitent l'épaisseur du derme. Elles abondent en certaines régions de la face, comme au front, aux ailes du nez. La matière grasse qu'elles sécrètent lubrifie la peau et lui conserve sa souplesse et son élasticité. Lorsque, sous l'influence du froid, cette sécrétion s'arrête, la peau endurcie se gerce, se couvre partiellement de *crevasses*. Les inflammations des glandes sébacées produisent des éruptions plus ou moins étendues, plus ou moins intenses, qui laissent souvent à la peau une teinte rougeâtre permanente et la rendent, comme on dit vulgairement, couperosée. Ces inflammations résultent particulièrement de l'abus des cosmétiques, tels que le savon, le fard, etc.

Poils; ongles. — Les poils se montrent, à leur plus complet état de développement, sur la partie de la peau qui recouvre les os du crâne et que l'on nomme *cuir chevelu*. Sauf la plante des pieds et la paume de la main, on peut observer partout à la surface de l'épiderme un duvet incolore qui possède un reflet velouté. Les ongles mêmes ne sont, pour les anatomistes, que des poils agglomérés et légèrement modifiés dans leur forme et leur couleur.

Les poils naissent, par une extrémité renflée ou bulbe, du fond de petites cavités creusées dans le derme (fig 33). Ils se composent d'une enveloppe extérieure fibreuse, contenant une matière semi-liquide, dans laquelle se trouvent les principes colorants, généralement divers sulfures et sels de fer.

Avec la vieillesse, les poils et les cheveux perdent leur coloration; ils grisonnent d'abord, puis blanchissent. On les teint par différents procédés, tous fondés sur des réactions chimiques, et dont le premier inconvénient est la nécessité d'opérations fréquemment renouvelées. En effet il n'existe point de moyen qui permette de modifier à tout jamais la couleur des cheveux, et la teinture n'agit que sur la partie développée déjà. Les substances dont on se sert comme agents colorants produisent toujours sur la peau un effet nuisible; elles l'altèrent, la corrodent et peuvent même déterminer la chute des cheveux et une *calvitie* prématurée.

Souvent, après une maladie, les cheveux tombent pour repousser ensuite avec une nouvelle vigueur. Ce fait ne s'observe guère dans un âge avancé; car les organes producteurs tendent alors à s'atrophier et à disparaitre.

Glandes sudorifères. — Ces glandes (fig. 32) sont logées dans le tissu cellulaire sous-cutané; leurs conduits excréteurs traversent le derme et viennent s'ouvrir obliquement à la surface de l'épiderme, dans les sillons intermédiaires aux rangées de papilles. La sueur est un liquide acide, d'une composition chimique assez compliquée et, en même temps, assez variable. Il ne faut pas confondre cette sécrétion avec l'exhalation cutanée ou *transpiration insensible*. Celle-ci se produit d'une manière continue et résulte d'un simple phénomène d'osmose. La sueur, au contraire, est une sécrétion intermittente. Dans certains cas, la nature de cette sécrétion peut se modifier bien profondément. On cite d'assez nombreux exemples de sueurs de sang.

GOUT

Siége. — Le sens du goût nous donne la notion des saveurs; il a pour siége la langue, et, peut-être, accessoirement, le pharynx et le voile du palais. Ces divers organes ont déjà été décrits à propos de la digestion. (p. 10).

Saveurs. — Tous les corps ne sont point sapides : il en est, comme le cristal, qui ne produisent sur la langue qu'une impression tactile. Pour qu'il y ait saveur perçue, il faut que les corps soient liquides ou susceptibles de se dissoudre dans la salive. Ce fait explique pourquoi, lorsque la bouche est sèche et la langue aride, le goût devient très-obtus. La différence des saveurs tient à des causes encore inconnues. Bien souvent, du reste, on considère comme des saveurs certaines impressions qui dépendent beaucoup plus directement de l'odorat. La vanille n'agit sur nos sens qu'à titre d'odeur, si l'on tenait les narines soigneusement closes, il serait impossible de distinguer par le goût la présence de cet arôme dans un mets.

Diversité d'impression. — Les impressions fournies par le sens du goût sont loin d'avoir la même fixité que celles qui nous viennent des autres sens. On a déjà vu plus haut combien l'état de santé pouvait les modifier profondément. D'un autre côté, la faim donne aux aliments les plus vulgaires une saveur nouvelle, et la satiété enlève tout leur prix aux mets les plus recherchés. On peut dire encore que nos idées sur les saveurs varient sous l'influence des climats, de l'éducation, des habitudes reçues. Tels aliments, recherchés par certains peuples, sont pour d'autres des objets de dégoût.

ODORAT

Siége. — Le sens de l'odorat a pour siége les fosses nasales; il nous donne la notion des odeurs.

Odeurs. — Les odeurs sont produites par des particules infiniment ténues, qui, se détachant des différents corps, viennent, portées par l'air, frapper nos organes olfactifs et produire des impressions odorantes. Comme l'air que nous respirons traverse incessamment les parties où le sens de l'odorat réside, il est impossible qu'une odeur se manifeste autour de nous, dans l'atmosphère, sans que nous en soyons presque immédiatement avertis.

Organes olfactifs. — Les fosses nasales constituent une double cavité située au-dessus du plancher supérieur de la bouche, et qui s'ouvre en arrière dans le pharynx (voir fig. 6, p. 11). Leurs parois sont osseuses, ainsi que la cloison médiane qui les sépare, excepté vers l'orifice des narines, où se trouvent des parties cartilagineuses douées d'une certaine mobilité. Intérieurement, les fosses nasales sont tapissées par la membrane pituitaire ; cette membrane, formée par le prolongement de la muqueuse de la bouche, suit exactement toutes les sinuosités du nez et pénètre jusque dans les cavités ou *sinus* de l'os frontal et des os maxillaires supérieurs. C'est à sa surface que s'épanouit le nerf olfactif, et que les nombreuses ramifications de ce nerf recueillent les impressions laissées par les particules odorantes.

La perception des odeurs a lieu presque exclusivement à la partie supérieure des fosses nasales. Le nez proprement dit ne semble guère remplir dans cette opération que des fonctions en quelque sorte mécaniques ; il joue le rôle de récepteur et arrête au passage les émanations odorantes qui s'élèvent avec les couches d'air. A la suite d'accidents, on a souvent remplacé le nez naturel par un nez de carton ou d'argent, sans que l'olfaction perdît beaucoup de sa sensibilité.

Les fosses nasales reçoivent, par un conduit situé à l'angle interne de l'orbite, l'excédant de la sécrétion lacrymale ; cette disposition contribue à maintenir la membrane pituitaire dans l'état d'humidité qui est nécessaire pour la fixation des odeurs. L'inflammation plus ou moins étendue de la membrane pituitaire engendre ce qu'on nomme très-improprement *rhume de cerveau*. Le premier résultat de cette petite affection est d'empêcher plus ou moins complétement la perception des odeurs. Elle réagit souvent sur la perception des saveurs, à cause de la liaison intime qui existe entre la membrane pituitaire et la muqueuse de la bouche.

AUDITION

Siége. — Le sens de l'ouïe a pour siége l'oreille ; il nous donne la perception des sons.

Sons. — L'oreille recueille les sons comme les narines recueillent les odeurs ; mais il y a cette différence, que les odeurs sont toujours des particules matérielles émanées des corps, tandis que les sons représentent simplement le résultat des vibrations de ces mêmes corps. Les vibrations sonores sont transmises d'une manière plus ou moins parfaite, suivant l'élasticité des milieux interposés ; elles s'étendent de proche en proche, comme les cercles que détermine la chute d'une pierre à la surface de l'eau, et elles arrivent ainsi jusqu'aux parties les plus intimes de l'oreille, où elles rencontrent le nerf chargé d'en faire passer l'impression au cerveau.

Bien que la propagation du son soit toujours assez rapide, elle est loin cependant d'être instantanée. Quand un chasseur tire un coup de fusil, ceux qui sont à quelque distance aperçoivent la lumière avant d'entendre la déto-

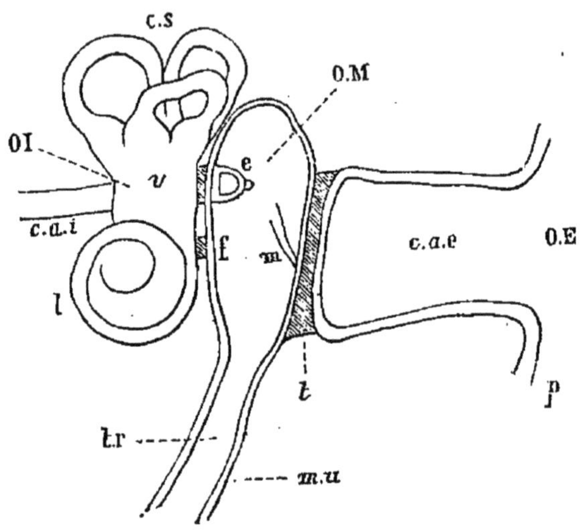

Fig. 34. — Représentation théorique des différentes parties de l'oreille. — OI, oreille interne. — *cai*, conduit auditif interne. — *cs*, canaux semi-circulaires. — *v*, vestibule. — *l*, limaçon.
OM, oreille moyenne. — *e*, étrier avec l'os lenticulaire, appliqué sur la fenêtre ovale. — *f*, fenêtre ronde. — *m*, portion du marteau qui adhère à la membrane du tympan. — *t*, membrane du tympan. — *tr*, trompe d'Eustache. — *mu*, muqueuse qui la tapisse, ainsi que l'extérieur de l'oreille moyenne, et se continue avec celle du pharynx.
OE, oreille externe. — *cae*, conduit auditif externe. — *p*, commencement du pavillon de l'oreille.

nation. Dans l'air, le son se propage avec une vitesse moyenne d'à peu près 340 mètres par seconde; à travers l'eau, la vitesse est quatre fois plus considérable; à travers le fer, douze fois; à travers le bois de sapin, dix-huit fois.

Lorsque les ondes sonores rencontrent quelque obstacle à leur progression, elles reviennent sur elles-mêmes à la façon des corps élastiques; on dit alors que ces ondes sont *réfléchies*. On nomme *écho* la répétition d'un son dans l'air par l'effet de sa réflexion sur quelque obstacle. Les *échos multiples* sont ceux qui répètent plusieurs fois le même son. C'est ce qui arrive lorsque deux objets, placés l'un vis-à-vis de l'autre, se renvoient successivement les ondulations. La répétition se produit dans certains échos jusqu'à vingt et même trente fois.

Oreille. — L'oreille, considérée dans son ensemble physiologique, forme un appareil compliqué, dont le petit appendice cartilagineux appelé vulgairement l'*oreille* ne représente que le vestibule extérieur. On y distingue trois parties : l'oreille *externe*, l'oreille *moyenne* et l'oreille *interne*.

L'*oreille externe* comprend, outre le *pavillon* ou *conque*

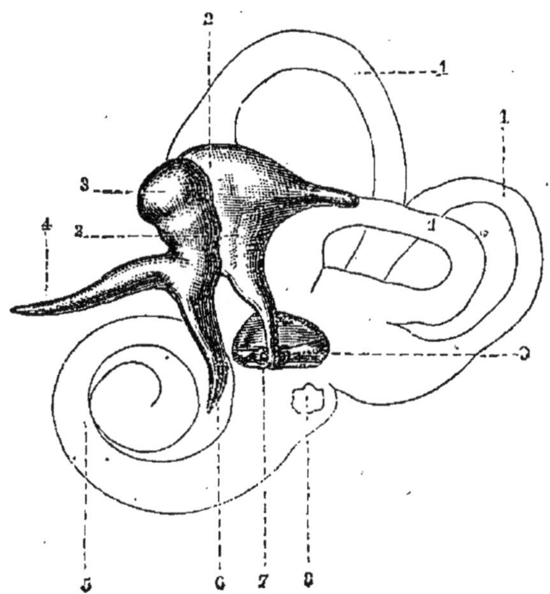

Fig. 35. — Osselets de l'oreille, grossis 7 fois en diamètre, avec le labyrinthe en arrière. — 1, 1, 1, canaux semi-circulaires. — 2, 3, enclume. — 3, 4, 6, marteau. — 5, limaçon. — 7, os lenticulaire fixé entre la pointe de l'enclume et le sommet de l'étrier. — 8, fenêtre ronde. — 9, étrier.

auditive, un canal creusé dans l'os même et tapissé par la peau, le *conduit auditif externe*. A l'extrémité de ce canal, se trouve le *tympan*, membrane fibreuse tendue sur un cadre osseux.

L'*oreille moyenne* fait suite au tympan ; c'est une cavité de forme irrégulière, que traverse une série de quatre petits osselets, nommés, à cause de certaines ressemblances, *marteau*, *enclume*, *os lenticulaire* et *étrier*. Cette chaîne s'appuie, d'un côté, sur la membrane du tympan, de l'autre, sur celle de la fenêtre ovale. La *fenêtre ovale* et la *fenêtre ronde* sont deux ouvertures, garnies l'une et l'autre d'une membrane, et qui établissent la communication entre l'oreille moyenne et l'oreille interne. Un canal recourbé, la *trompe d'Eustache*, s'étend de l'oreille moyenne à l'arrière-bouche.

L'*oreille interne* ou *labyrinthe* se compose d'un *vestibule*, de trois *canaux semi-circulaires* et d'un tube héliçoïdal, le *limaçon*. Ces différents compartiments sont remplis par un liquide dans lequel viennent s'épanouir délicatement les ramifications du nerf *acoustique*. Le nerf acoustique pénètre dans le labyrinthe par le *conduit auditif interne*.

Mécanisme de l'audition. — Les sons répandus dans l'air se trouvent recueillis par la conque et dirigés vers le conduit auditif externe, où ils augmentent de force en se concentrant. Le tympan ébranlé transmet les vibrations à la chaîne des osselets, qui les reproduit fidèlement de l'autre côté sur la membrane de la fenêtre ovale. Enfin, par le liquide du labyrinthe, elles arrivent aux filets nerveux qui doivent en opérer la perception. Tel est le mécanisme de l'audition, mécanisme tellement parfait, que l'oreille humaine peut saisir et distinguer, dans leurs nuances les plus délicates, des sons qui varient entre 32 vibrations et 70,000 vibrations par seconde.

Altérations de l'ouïe. — La *dureté d'oreille* dépend, en général, d'une trop grande tension du tympan, ou d'un défaut d'élasticité dans cette membrane. On facilite la perception des sons par l'emploi de conques métalliques qui s'adaptent au pavillon de l'oreille, et qui sont construites de manière à concentrer fortement les ondes sonores.

La *surdité* consiste dans l'abolition de la faculté de percevoir les sons. Elle peut résulter de causes très-différentes, dont les unes, comme la paralysie du nerf acoustique, laissent peu d'espoir, tandis que les autres, comme l'obstruction de la trompe d'Eustache, sont susceptibles de disparaître sous l'influence d'un traitement approprié.

VISION

Siége et objet. — Le sens de la vue nous fait percevoir les impressions lumineuses; il nous fournit la notion des couleurs, des formes, de l'aspect extérieur des corps. Son siége est l'*œil*.

Œil. — Logé dans la portion supérieure et antérieure de la face, entouré de muscles qui le dirigent à volonté dans tous les sens, cet organe plane au loin et saisit tout ce qui se passe dans le demi-cercle complet qu'embrasse le regard. Il repose sur un coussin de graisse, au fond d'une cavité osseuse, dont les épaisses parois le protégent efficacement contre les chocs, tandis que les *sourcils* et

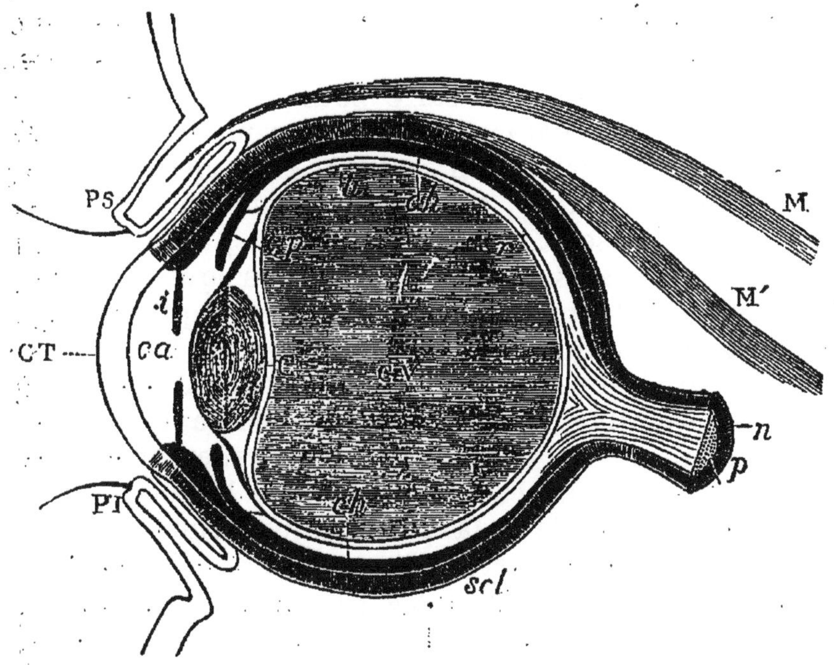

Fig. 36. — Coupe théorique de l'œil. — *scl*, sclérotique. — CT, cornée transparente. — *np*, nerf optique. — *r*, rétine. — *ch*, choroïde. — *cp*, procès ciliaire, repli de la choroïde. — *i*, iris, repli plus extérieur de la choroïde ; au centre est percée la pupille *ca*. — C, cristallin. — CV, humeur vitrée. — PI, paupière inférieure. — PS, paupière supérieure. — M, muscle moteur de la paupière supérieure. — M', un des muscles qui meuvent le globe oculaire.

les *cils* arrêtent au passage la poussière et les corpuscules que le vent pourrait pousser contre lui.

D'un autre côté, les larmes qui baignent continuellement sa surface empêchent l'évaporation de ses humeurs, et les paupières, pendant le sommeil, le recouvrent comme un étui.

Le *globe* de l'œil est, extérieurement, revêtu par une membrane d'un blanc mat et sans transparence, la *sclérotique* ou *cornée opaque*, en avant de laquelle se trouve comme enchâssée une petite calotte très-épaisse, mais parfaitement diaphane, et qui ressemble assez à un verre de montre. A travers cette membrane, appelée *cornée transparente*, on aperçoit un petit cercle coloré en bleu, gris, brun ou noir, que l'on nomme l'*iris* et qui est percé au centre d'un petit trou, la *pupille* ou *prunelle*. C'est par la *pupille* que pénètre la lumière ; cette ouverture s'agrandit ou se rétrécit, par le jeu des fibres contractiles qui forment l'iris ; elle laisse ainsi pénétrer dans l'intérieur de l'œil une quantité de lumière plus ou moins grande, selon que cela est nécessaire pour la vision. Après une humeur limpide, l'*humeur aqueuse*, remplissant les deux chambres qui existent en avant et en arrière de l'iris, on rencontre le *cristallin*, sorte de noyau formé d'une substance gélatineuse et transparente, puis, l'*humeur vitrée*. beaucoup plus consistante que l'humeur aqueuse, et, enfin. sous forme de houppe épanouie, la *rétine*, qui est l'extrémité du nerf optique. La rétine occupe le fond de l'œil : elle est appliquée sur une membrane d'un noir très-foncé, la *choroïde*, laquelle absorbe les rayons indirects et les empêche de troubler par leur réflexion la netteté des images lumineuses à la surface de la rétine. Ce sont deux prolongements de la choroïde qui forment, en avant, et l'iris et le cadre du cristallin ou *procès ciliaire*.

Les *paupières* sont formées par un repli de la peau. Divers muscles gouvernent leurs mouvements. Dans leur épaisseur, elles sont soutenues par un cartilage mince, le *cartilage tarse*, et, sur leur bord, elles portent les *cils*. De petites glandes enfermées dans la paupière supérieure sécrètent une humeur résineuse, la *chassie*, qui contribue à arrêter la poussière contre les cils. — L'appareil lacrymal se compose : 1° de la *glande lacrymale*, située à la partie externe et supérieure de l'orbite, et qui, par six ou sept conduits, distribue le liquide des larmes à la surface interne de la paupière supérieure ; 2° d'un canal, le *canal lacrymal*, situé à l'angle interne et inférieur de l'orbite, et qui porte dans l'intérieur des fosses nasales l'excédant de la sécrétion.

Altérations de la vision. — La construction de l'œil comme appareil d'optique est extrêmement parfaite ;

malheureusement, par suite de sa délicatesse même, cet organe se trouve exposé à quantité d'accidents, de défectuosités, d'infirmités. On nomme *amaurose* la paralysie ou cessation des fonctions du nerf optique. Les *taies* résultent de la conversion de la cornée transparente en membrane opaque sur une partie plus ou moins étendue de sa surface ; la *cataracte* provient d'une modification analogue du cristallin. Dans le *strabisme* ou action de loucher, les petits muscles moteurs de l'œil ont perdu leur équilibre de traction ; ils agissent avec des forces inégales et donnent au globe oculaire une direction vicieuse.

La *myopie* ou vue courte dépend de la trop grande convexité des différentes lentilles que la lumière traverse pour pénétrer jusqu'à la rétine ; l'image se forme alors trop en avant, et les objets ne sont plus aperçus distinctement que lorsqu'ils sont placés très-près des yeux. La *presbytie* ou vue longue dépend, au contraire, de l'aplatissement des lentilles de l'œil ; l'image se forme, dans ce cas, en arrière de la rétine ; on ne distingue nettement que les objets un peu éloignés. Ces deux infirmités s'atténuent par l'emploi de lunettes dont les verres sont ou concaves, ou convexes, suivant le but qu'on se propose d'obtenir.

Dans les conditions ordinaires, la distance à laquelle on voit commodément les petits objets est de vingt-cinq centimètres : c'est ce qu'on appelle la *vue distincte*. Cette distance tombe au-dessous de vingt centimètres pour les myopes ; elle s'élève jusqu'à soixante-dix pour les presbytes. La myopie peut disparaître avec l'âge, mais, d'ordinaire, la presbytie va toujours s'aggravant.

VOIX ET APPAREIL VOCAL

Siége et mécanisme de la voix. — Les sons qui constituent la voix humaine sont produits par le passage de l'air chassé des poumons à travers un appareil fort simple, le *larynx*.

Cet appareil est logé à la partie supérieure de la *trachée-artère* ; c'est un tuyau formé par une réunion de pièces cartilagineuses et élastiques, et que sépare du pharynx une languette mobile nommée *épiglotte*; l'intérieur du tube est tapissé par la continuation de la membrane muqueuse de la bouche.

Les cartilages qui entrent dans la composition du la-

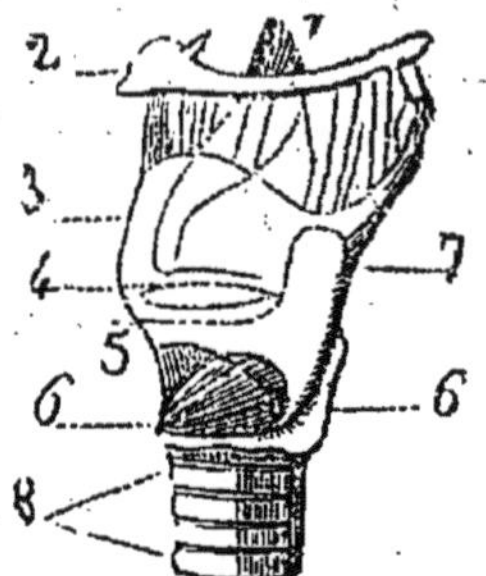

Fig. 37. — Larynx humain vu de profil.

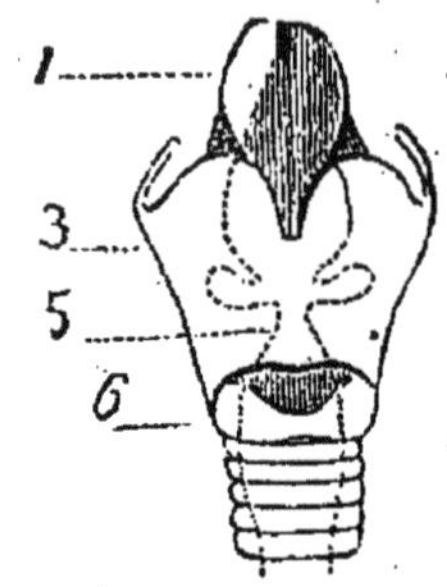

Fig. 38. — Le même vu de face.

rynx sont : en avant, le cartilage *thyroïde;* en bas et en arrière, le cartilage *cricoïde ;* en arrière également, les

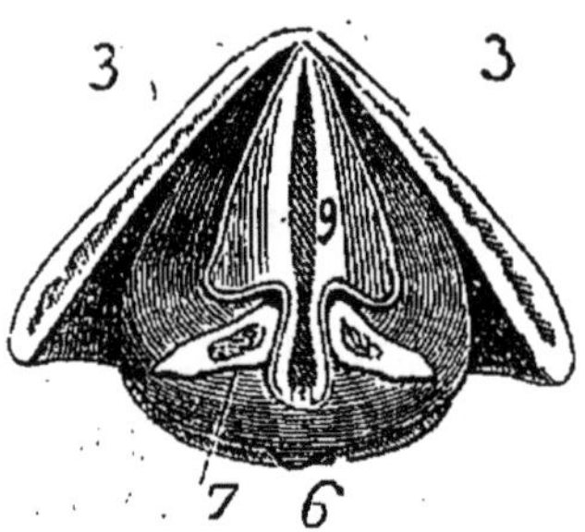

Fig. 39. — Coupe transversale du larynx à la hauteur des ventricules.

Fig. 37, 38 et 39. — 1, portion de la membrane muqueuse de la gorge. — 2, os hyoïde, auquel est suspendu le larynx et qui porte la langue. — 3, cartilage thyroïde. — 4, ligaments supérieurs. — 5, ligaments inférieurs. — 6, cartilage cricoïde. — 7, cartilages aryténoïdes. — 8, partie supérieure de la trachée artère. 9, glotte.

deux cartilages *aryténoïdes* (voy. fig. 37, 38 et 39). Des ligaments attachent ces pièces entre elles en leur laissant une certaine mobilité, et des muscles font varier leurs rapports respectifs. Les ligaments les plus importants, les seuls qui semblent indispensables pour la production de la voix, sont ceux qu'on nomme *ligaments inférieurs* ou *cordes vocales;* ils se trouvent plus ou moins tendus, plus ou moins rapprochés, suivant les mouvements que les muscles du larynx impriment aux divers cartilages. Le passage qu'ils laissent entre eux, et que traverse l'air, est désigné sous le nom de *glotte*. Pendant la production de la voix, la forme de la glotte est celle d'une fente très-étroite ; à l'état de repos, elle présente une disposition triangulaire. Deux ligaments plus lâches, les *ligaments supérieurs*, situés au-dessus des précédents, interceptent une ouverture beaucoup moins étroite. Entre les ligaments inférieurs et supérieurs, de chaque côté, sont comprises deux cavités qu'on appelle *ventricules du larynx*.

Analogies. — Si l'on voulait établir une analogie entre l'appareil vocal et nos instruments de musique, ce serait peut-être le tuyau à anche qui fournirait le meilleur terme de comparaison. Dans le tuyau à anche, en effet, on distingue : 1° un soufflet qui donne le vent ; 2° un porte-vent qui le conduit ; 3° une anche qui vibre ; 4° enfin, un tuyau percé diversement et dont la configuration influe sur le son produit. Chez nous, les poumons représentent le soufflet ; la trachée-artère, le porte-vent ; les cordes vocales, l'anche ; enfin, au-dessus, sont différentes pièces qui modifient le son, mais qui ne sauraient le produire. Dès qu'une ouverture est pratiquée dans la trachée, la voix s'éteint complétement.

Étendue. — L'échelle totale de la voix humaine comprend à peu près quatre octaves, mais il est rare qu'un même individu en embrasse beaucoup plus de deux. Voici le tableau des intervalles que parcourt la voix des diverses catégories de chanteurs :

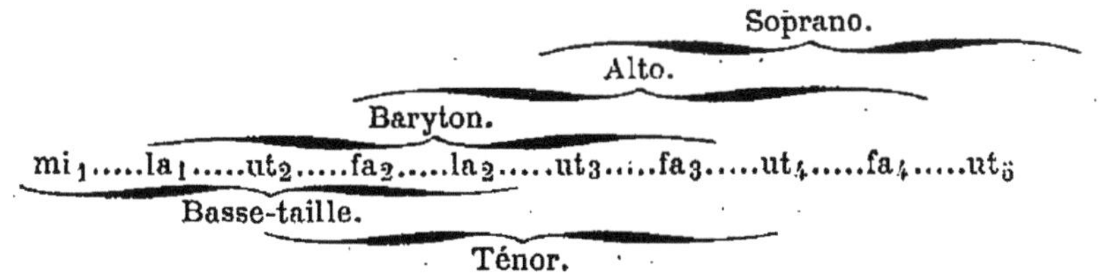

Les voix de basse-taille, de baryton et de ténor appartiennent aux hommes ; celles d'alto et de soprano, aux femmes et aux enfants. Il y a des chanteurs qui, par exception, descendent au dessous de mi^1 ; d'autres peuvent monter au-dessus d'ut^5. La voix des femmes est plus aiguë que celle des hommes, à cause des dimensions beaucoup moindre du larynx.

Ton ; intensité ; timbre. — On distingue dans le son : le *ton*, l'*intensité* et le *timbre*.

Lorsque deux sons se confondent de manière à ne produire qu'une seule perception, ils sont dits à l'*unisson* ; les sons qui correspondent à un certain espace arbitraire, appelé en musique le *médium*, forment le ton *médian* ; au-dessous se place le *ton grave* ; au-dessus, le *ton aigu*. La gravité ou l'acuïté du son dépend du nombre des vibrations produites dans un temps donné. Aux sons graves appartiennent les vibrations lentes ; aux sons aigus, les vibrations rapides. Le son le plus grave de l'orgue correspond à 33 vibrations par seconde, le son grave de la voix humaine, à 396 ; le son le plus aigu de la voix enfantine, à plus de 2,000 vibrations.

L'*intensité* du son est en raison directe de l'amplitude des vibrations ; les bruits très-intenses brisent les vitres, parce que l'étendue des vibrations qui sont communiquées à celles-ci dépasse les limites de leur élasticité.

Le *timbre* est une qualité du son aussi difficile à exprimer qu'à expliquer. Les sons de la flûte, dit M. Pouillet, peuvent être portés au même ton et à la même intensité que le cri du paon ; ils s'en distinguent, cependant, par la *douceur de leur timbre*, comparé au *timbre déchirant* de la voix du paon. Il y a lieu de penser que le timbre dépend de l'ordre dans lequel se succèdent les vitesses du corps vibrant dans chacune de ses vibrations, et, par conséquent, de l'ordre dans lequel se succèdent les compressions et les raréfactions dans la longueur de chaque onde sonore.

C'est le timbre surtout qui distingue la voix des divers individus, et ce sont les cavités situées au-dessus du larynx qui le produisent. Lorsque les fosses nasales sont obstruées par l'effet d'un *coryza* ou rhume de cerveau, la voix prend un timbre particulier : *on parle du nez*, suivant une expression vulgaire. Le timbre peut dépendre encore de la résistance plus ou moins grande des parois du larynx. Quand les cartilages sont épais, en partie ossifiés, la voix est forte et ferme. Chez les femmes, les cartilages sont flexibles, et la voix garde en général quelque chose de doux et d'indécis.

Voix de poitrine et voix de fausset. — La voix de *poitrine* est une voix à timbre plein et sonore, accompagnée d'un frémissement vibratoire de la cage thoracique. La voix de poitrine est une voix ordinaire. La voix de *fausset* ou voix de *tête* est une voix grêle et un peu aigre que les chanteurs emploient pour produire les sons aigus. Elle paraît résulter d'un changement dans la forme de la cavité du larynx et dans le mode de résonnance des cordes vocales.

Mutisme. — Les *muets* sont des individus privés de la faculté de faire entendre des sons articulés ou même aucune espèce de sons. Cette infirmité peut provenir de la paralysie des nerfs qui communiquent le mouvement aux diverses pièces de l'appareil vocal. La perte complète de la parole ne s'observe guère que dans certains cas d'idiotisme et dans la surdité de naissance. Elle résulte alors essentiellement de la privation du sens de l'ouie et de l'impossibilité où se trouve l'individu de recueillir les éléments du langage.

CHAPITRE IX

LOCOMOTION — SYSTÈME OSSEUX

Objet. — Système osseux. — Caractères généraux. — Composition chimique des os. — Usages industriels. — Forme et structure. — Articulations. — Maladies et accidents. — Squelette. — Tête. — Tronc. — Membres.

Objet. — L'étude de la locomotion comprend les déplacements du corps dans l'espace. Ces déplacements se produisent d'après les lois générales de la mécanique ; ils résultent de l'action de certaines forces sur divers systèmes de cordes et de leviers. Dans la mécanique animale, les os représentent des leviers, les muscles des cordes, et le système nerveux, par ses fibres motrices, agit comme cause productrice des mouvements. On a vu, dans les chapitres précédents, tout ce qui se rapporte aux nerfs ; il nous reste à parler du système osseux et du système musculaire.

SYSTÈME OSSEUX

Caractères généraux. — Considérés dans leur ensemble, les os constituent une charpente solide ou *squelette*, qui détermine la forme et les dimensions du corps, protége les organes importants et fournit aux muscles des points d'attache. Considérés isolément, ils nous offrent des leviers solides et résistants, variables dans leur forme, mais identiques dans leur composition, et partout recouverts d'une enveloppe fibreuse, essentielle à leur conservation et susceptible de régénérer leur tissu ; cette enveloppe porte le nom de *périoste*.

Les os sont composés de fibres qui présentent deux modes d'arrangement. Tantôt ces fibres s'alignent parallèlement et forment un tissu très-serré, très-solide, le tissu *compacte*. Tantôt elles sont enchevêtrées sans ordre apparent et laissent entre elles d'innombrables interstices. Il en résulte un tissu beaucoup moins dense, assez analogue à celui des éponges, et qu'on appelle *tissu spongieux*. Le tissu *compacte* revêt la superficie des os, et le tissu *spongieux* en occupe les parties intérieures.

Composition chimique. — Quant à leur composition chimique, abstraction faite de la graisse qu'ils renferment toujours en plus ou moins forte proportion, les os présentent deux sortes d'éléments. Les uns, de nature organique, forment environ un tiers de la masse, et constituent une matière à laquelle on a donné le nom d'*osséine*, mais qui n'est guère autre chose que de la *gélatine* ; les autres, tels que le phosphate de chaux, le carbonate de chaux, et divers autres sels, sont de nature purement minérale. Ce sont ces derniers éléments qui donnent à la substance osseuse sa rigidité.

On peut résumer ainsi la composition chimique du tissu osseux :

Matière organique	Osséine	33
Matière minérale	Phosphate de chaux	51 à 55
	Carbonate de chaux	3 à 11
	Fluorure de calcium	2 à 3
	Phosphate et carbonate de magnésie	1 à 3
	Chlorure de sodium (sel marin)	1 à 2

Chez les personnes arrivées à l'âge adulte, la matière minérale représente les deux tiers du poids total des os ; mais, dans les premiers temps de la vie, elle se trouve en proportion assez faible. Les os, sur beaucoup de points de leur surface, ne possèdent alors qu'une consistance cartilagineuse. Nous en voyons un exemple dans les *fontanelles* du crâne des jeunes enfants, et le voisinage du cerveau rend, en ces endroits, les chocs extrêmement dangereux. On nomme *ossification* le travail d'encroûtement des os par la matière calcaire ; l'ossification n'est complète qu'à l'époque de l'entier développement de l'individu, c'est-à-dire vers l'âge adulte.

Usages industriels des os. — Sauf quelques légères modifications, la composition chimique indiquée ci-dessus est commune aux os de toutes les espèces domestiques ; elle permet de les employer dans l'industrie à de nombreux usages. Leur partie organique fournit la gélatine ; le résidu de leur incinération, le *noir animal*. Ce noir, après avoir servi dans les raffineries, devient un excellent engrais. Il en est de même des râpures d'os que produisent les ateliers de tabletterie, de coutellerie, etc., et dont l'Angleterre consomme chaque année des millions de kilogrammes. En raison de la grande quantité de sels phosphatés qu'ils renferment, les os sont très-précieux pour la culture des céréales. En effet, ces plantes, très-riches en phosphates, doivent emprunter à la terre et aux engrais les éléments qu'elles nous cèdent ensuite pour la consolidation et l'entretien de notre propre squelette. C'est des phosphates contenus dans les os que l'industrie retire le phosphore.

Forme et structure des os. — Les os, au point de vue de leur forme et de leur structure, ont été partagés en trois catégories : os *longs*, os *plats*, os *courts*.

Les os *longs* présentent, comme leur nom l'indique, une configuration allongée. Ils portent à chacune de leurs extrémités un renflement, *tête* ou *épiphyse*, que remplit intérieurement du tissu spongieux ; la portion moyenne, *corps* de l'os ou *diaphyse*, exclusivement composée de tissu compacte, offre au centre un canal, le *canal médullaire*, occupé par la *moelle*. Les os longs réunissent dans leur structure toutes les conditions de légèreté et de solidité ; ils fournissent les leviers des grands mouvements. Les os du bras et de l'avant-bras, ceux de la cuisse et de la jambe appartiennent à cette catégorie.

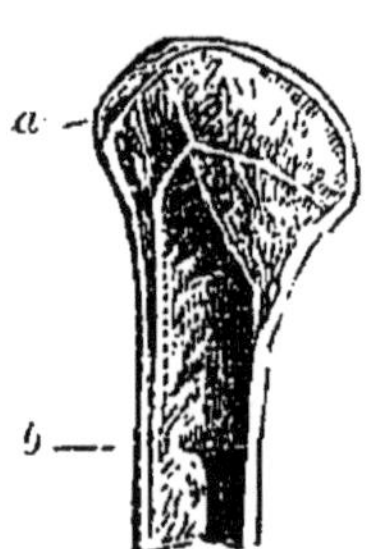

Fig. 40. — Structure des os long. — *a*, tête ou épiphyse. — *b*, corps ou diaphyse de l'os.

Les os *plats* sont étendus en surface ; on n'y rencontre pour ainsi dire point de tissu spongieux, et cette circonstance explique leur solidité. Ils sont distribués particulièrement dans les régions du corps où le système osseux doit remplir des fonctions protectrices ; ils forment l'enveloppe du crâne, la concavité du bassin, etc.

Les os *courts* sont intérieurement constitués par de la matière spongieuse que recouvre une mince couche de tissu compacte. Ils sont peu volumineux, de dimensions à peu près égales dans tous les sens, et se trouvent, en général, réunis plusieurs ensemble sur les points où se produisent des mouvements peu étendus, au poignet et au cou-de-pied, par exemple ; la colonne vertébrale est entièrement composée d'os de cette espèce.

Les os présentent à leur surface des saillies ou *crêtes*, destinées à l'insertion des muscles, des éminences de formes diverses, *apophyses* ou *condyles*, servant à leur articulation réciproque, enfin, de nombreux trous, qui livrent passage à des nerfs et à des vaisseaux nourriciers. Leur tissu est extrêmement vivant ; on peut en citer comme preuve la rapidité avec laquelle, dans les cas de fracture, les deux fragments séparés se ressoudent par la formation d'un nouveau tissu appelé *cal*.

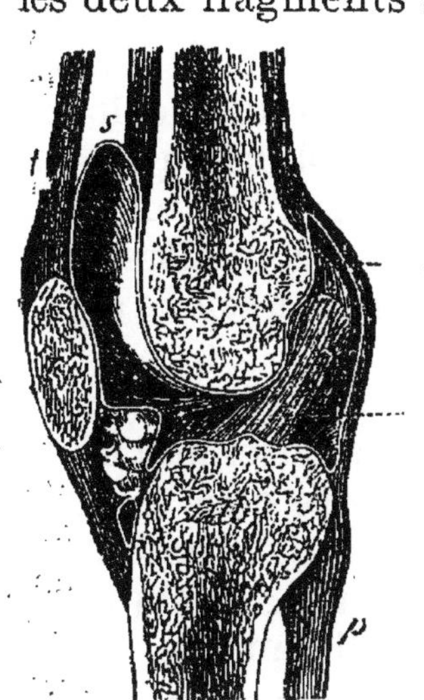

Fig. 41. — Coupe verticale de l'articulation du genou. — *tb*, coupe du tibia. — *p*, péroné. — *f*, coupe du fémur. — *r*, coupe de la rotule. — *t*, tendon qui ferme l'articulation en avant et contient la rotule. — *l*, membrane synoviale formant la capsule articulaire.

Articulations. — On donne le nom d'*articulation* au mode d'assemblage des divers os entre eux ; toutes les pièces osseuses du corps humain, à l'exception d'une seule, l'os *hyoïde*, sont reliées ou articulées ensemble pour former cette charpente solide qu'on nomme *squelette*. Le mode d'articulation varie suivant la nature des mouvements qui doivent être effectués. On peut admettre trois dispositions principales : l'*articulation fixe*, l'*articulation mixte*, et l'*articulation mobile*.

Dans le premier mode ou articulation *fixe*, les os sont juxtaposés de manière à n'être susceptibles d'aucun déplacement ; ils se touchent par des bords tantôt lisses et unis, tantôt dentelés et comme engrenés. Telles sont les articulations des os du crâne.

Dans le second mode ou articulation *mixte*, les os sont réunis par un tissu intermédiaire, fibreux, élastique, et qui leur laisse une certaine mobilité. Telles sont les articulations des os courts entre eux.

Dans le dernier mode ou articulation *mobile* (fig. 41), les extrémités en rapport sont libres; elles se touchent par des surfaces réciproquement concaves et convexes, et garnies chacune d'un bourrelet cartilagineux. L'interposition de ce cartilage facilite le glissement des surfaces, et le frottement est encore diminué par l'action d'un liquide visqueux, la *synovie*, que sécrètent les *capsules synoviales* disposées autour des articulations mobiles. Des cordons fibreux très-résistants, les *ligaments*, se rattachent aux extrémités emboîtées et les maintiennent en place. Les mouvements sont très-faciles dans ce genre d'articulation, qui est d'ordinaire celui des os longs.

Affections et accidents des os. — Le *rachitisme* est une maladie caractérisée par la déformation des os du squelette, sous l'influence d'un affaiblissement général de la constitution. La *gibbosité*, ou déviation de la colonne vertébrale, en est une des conséquences lesplus fréquentes.

La *nécrose* ou *carie* des os résulte de la destruction lente et progressive de leur tissu; elle semble reconnaître pour origine l'altération de l'enveloppe fibreuse dont nous avons déjà parlé sous le nom de *périoste*.

On entend par *fracture* des os leur rupture en deux ou plusieurs fragments, et par *luxation* le déplacement d'une de leurs extrémités en dehors de la cavité dans laquelle elle s'articule. Les *entorses* sont produites par l'extension ou le tiraillement violent d'une articulation; quelquefois elles se compliquent de la déchirure des ligaments.

L'*ankylose* consiste dans l'immobilité plus ou moins complète d'une articulation qui doit avoir un mouvement quelconque; elle résulte de l'altération des divers éléments qui constituent l'articulation.

Toutes les maladies, tous les accidents dont il vient d'être question rentrent d'une manière absolue dans le domaine de la médecine. Au médecin seul il appartient d'y porter remède, et l'on ne saurait trop se défier des individus, qui, sous le nom de *rebouteurs*, exploitent honteusement la crédulité publique. Pour un qui montre quelque dextérité manuelle, dix ne sont que de maladroits charlatans, et le moins qu'il arrive, trop généralement, aux malheureux qui les emploient, c'est une aggravation de leur infirmité primitive.

SQUELETTE

Nous nous bornerons à donner une description très-succinte des différentes régions du squelette. Ces régions sont au nombre de trois : la *tête*, le *tronc* et les *membres*.

Tête. — Les os de la tête se partagent en os du *crâne* et os de la *face*. Ceux du crâne forment une boîte dans laquelle est renfermé l'encéphale. On en compte huit : le *frontal* en avant, l'*occipital* en arrière, les *pariétaux* sur le sommet de la tête, les *temporaux* sur les côtés, le *sphénoïde* en dessous; enfin l'*ethmoïde*, en avant et comme enchâssé dans le frontal. Les os de la face sont au nombre de quatorze. Plusieurs, comme les *palatins*, les *cornets* du nez, les os *lacrymaux* et le *vomer* ne se trouvent pas indiqués dans la figure ci-jointe, soit parce qu'ils sont situés intérieurement, soit parce qu'ils sont trop peu volumineux; mais on distinguera : *le maxillaire inférieur* ou os de la mâchoire inférieure ; les deux *maxillaires supérieurs* ou os de la mâchoire supérieure ; les deux *jugaux* ou os des pommettes ; les deux *nasaux* ou os propres du nez.

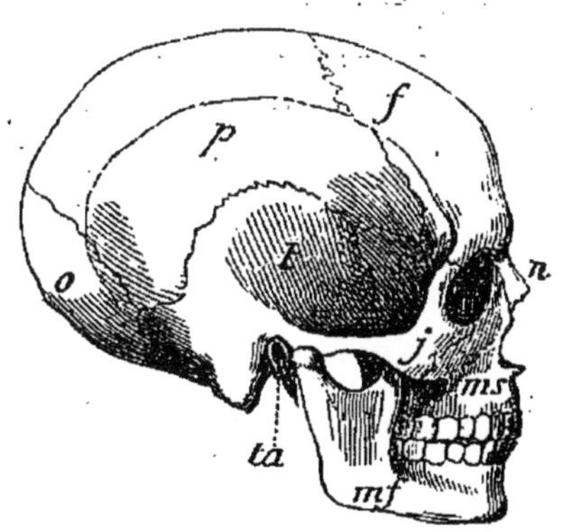

Fig. 42. — Tête osseuse. — *f*, frontal. — *p*, pariétal. — *t*, temporal. — *o*, occipital. — *s*, sphénoïde. — *ta*, trou auditif. — *n*, os nasaux. — *ms*, maxillaire supérieur. — *mf*, maxillaire inférieur. — *j*, os jugal ou os de la pommette.

Il faut rattacher aux os de la tête l'os *hyoïde*, petit os isolé qui supporte la langue et la partie supérieure de l'appareil respiratoire.

Tronc. — La région du tronc comprend : la *colonne vertébrale*, les *côtes*, le *sternum* et le *bassin*.

La partie moyenne de la colonne vertébrale, avec les côtes et le sternum, constitue le *thorax*, sorte de cage osseuse dans laquelle sont enfermés les principaux organes de la circulation et de la respiration. La portion inférieure de la colonne vertébrale, avec les os *iliaques*, forme une ceinture extrêmement solide qui supporte et protége les organes digestifs.

La *colonne vertébrale* se compose d'une série de petits os nommés *vertèbres*. Les vertèbres sont placées les unes au-dessus des autres, et sont soudées entre elles au moyen d'un tissu fibro-cartilagineux qui permet à l'articulation un certain mouvement. La figure 43 représente un de ces petits os. La colonne vertébrale se partage en cinq régions. On compte sept vertèbres à la région du cou, douze à la région des reins, cinq encore, mais soudées en une seule pièce, à la région sacrée, et deux ou trois, tout à fait rudimentaires, à la région coccygienne. Ces dernières, chez les animaux, sont ordinairement beaucoup plus nombreuses, beaucoup plus développées, et forment la charpente de la queue.

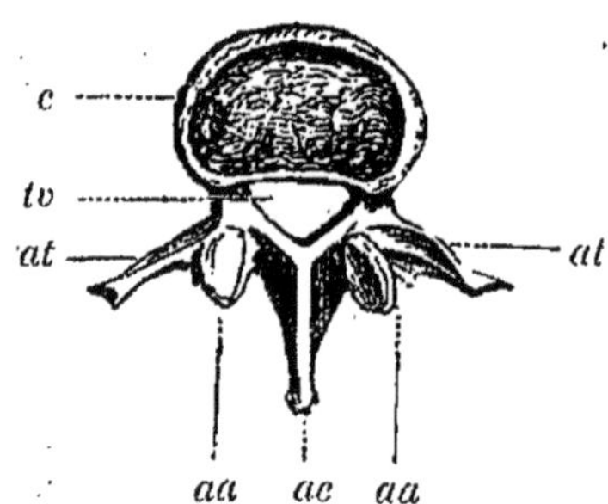

Fig. 43. — Vertèbre vue par sa face supérieure. — *c*, corps de la vertèbre. — *tv*, trou vertébral. — *at, at*, apophyses transverses. — *aa, aa*, apophyses articulaires. — *ae*, apophyse épineuse.

Les *côtes* sont, chez l'homme, au nombre de vingt-quatre, douze de chaque côté de la poitrine. Articulées en arrière avec les vertèbre dorsales, et en avant avec le sternum, elles sont simplement reliées à ce dernier os par des prolongements cartilagineux, et jouissent, grâce à cette disposition, d'une grande liberté de mouvement.

Le *sternum* est un os plat, situé en avant du thorax et sur la ligne médiane. Il est en rapport avec les côtes, et de plus, avec un des os de l'épaule, la clavicule, à laquelle il fournit un point d'apui.

Les *os iliaques* sont de grands os plats, articulés entre eux en avant, et avec le sacrum postérieurement. Ils constituent la base du tronc.

Membres. — Les membres supérieurs et les membres

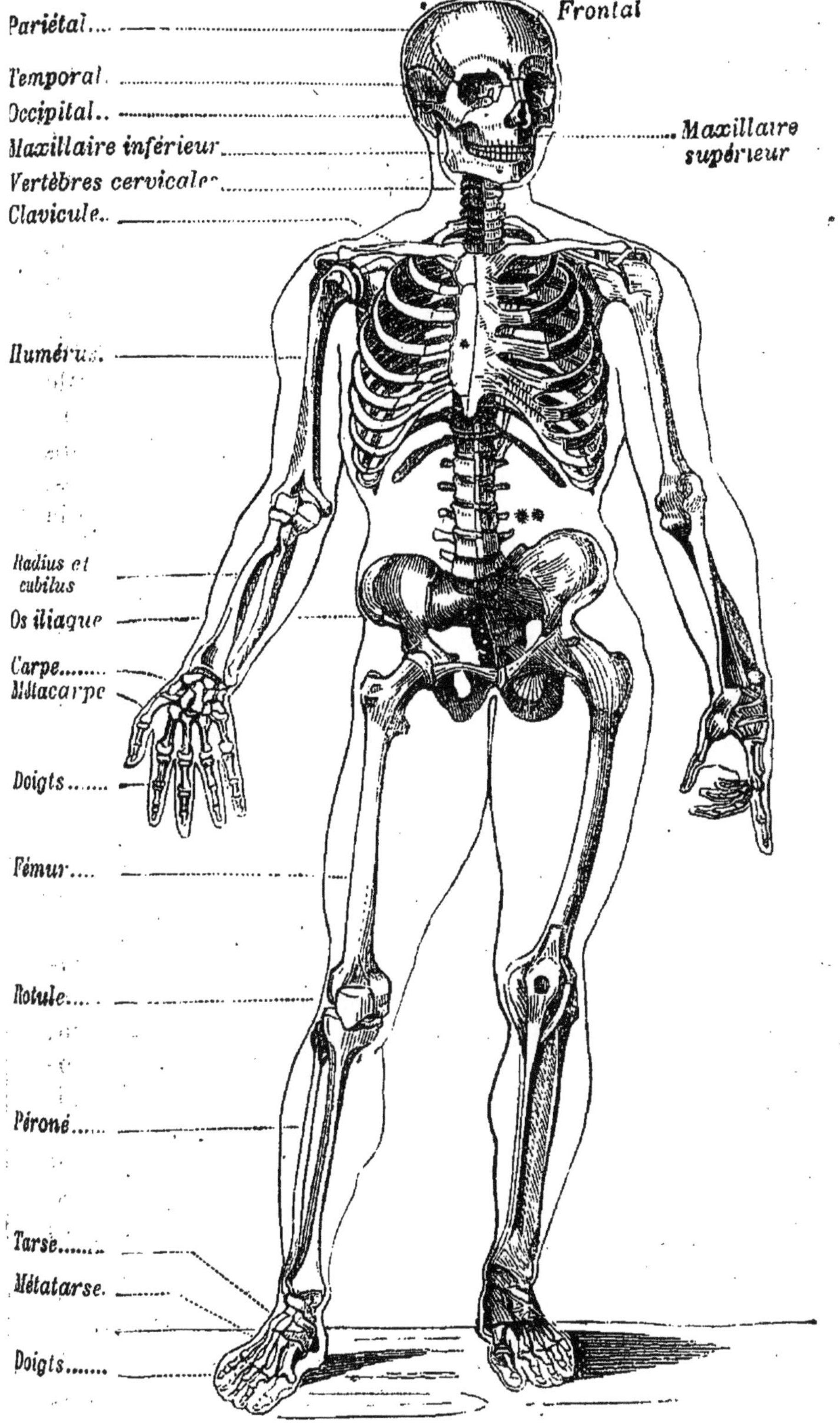

Fig. 44. — Squelette humain. — * Sternum. — ** Vertèbres lombaires. — Le côté gauche présente les articulations avec leurs ligaments naturels.

inférieurs présentent une grande analogie dans le nombre et la disposition des pièces osseuses qui les composent. La main correspond exactement au pied, l'avant-bras à la jambe, le bras à la cuisse, l'épaule au bassin, que l'on pourrait considérer anatomiquement comme faisant partie du membre inférieur. Si l'on remarque certaines différences dans la forme et même dans le nombre apparent des os qui se correspondent, cela tient uniquement à la différence des fonctions.

Le membre supérieur comprend l'*épaule*, le *bras*, l'*avant-bras* et la *main*.

Les os de l'épaule sont : 1° en arrière, l'*omoplate*, grand os plat appliqué sur le dos; 2° en avant, la *clavicule*, sorte d'arc-boutant qui s'articule avec le sternum et l'omoplate. Cet os se brise fréquemment dans les chutes, mais il se ressoude avec une grande facilité.

Le *bras* comprend un seul os, l'*humérus*. Cet os s'articule en haut avec l'omoplate, et possède une liberté de mouvement qui lui permet de faire exécuter au membre un mouvement complet de rotation autour de son axe.

L'*avant-bras* se compose de deux os, le *radius* en dehors, et le *cubitus* en dedans. Ce dernier os est seul en rapport d'articulation avec l'humérus; sa partie supérieure forme la saillie du coude. L'autre os de l'avant-bras, le *radius*, est, par le haut, simplement fixé au cubitus; son extrémité inférieure porte la main et tourne librement autour du cubitus, qui lui sert ainsi d'axe de rotation. Cette disposition très-simple, mais en même temps très-ingénieuse, nous permet d'effectuer aisément les divers mouvements et changements de position de la main.

La *main* comprend : les os du poignet ou os du *carpe*, au nombre de huit, tous très-petits et appartenant à la catégorie des os courts; les os du *métacarpe*, au nombre de cinq, et formant la charpente de la paume de la main; enfin les os des *phalanges*, au nombre de trois à chaque doigt, excepté au pouce où l'on n'en compte que deux.

Le membre inférieur proprement dit se compose de la *cuisse*, de la *jambe* et du *pied*.

Le *fémur* ou os de la cuisse s'articule supérieurement avec l'os iliaque, et inférieurement avec le tibia. C'est le plus volumineux des os du squelette; sa forme arquée contribue à élargir notre base de sustentation, et nous rend plus facile la station verticale.

La *jambe* présente deux os : le *tibia* en dedans et le *péroné* en dehors; ce dernier remplit un rôle tout à fait secondaire. L'articulation du tibia avec le fémur est protégée par la *rotule*, petit os aplati, dans lequel les anatomistes voient l'analogue de la proéminence que forme, au coude, l'extrémité du cubitus.

Le *pied* comprend : les os du *tarse*, au nombre de sept seulement, parce que deux d'entre eux sont soudés pour constituer l'os du talon ou *calcaneum* l es os du *métatarse*, au nombre de cinq, comme ceux du *métacarpe;* enfin les os des *phalanges*, en même nombre que les os correspondants du membre supérieur.

CHAPITRE X

LOCOMOTION — SYSTÈME MUSCULAIRE

Mode d'action des muscles. — Structure. — Distribution. — Force musculaire. — Son emploi. — Quantités de travail. — Mouvements. — Station. — Marche. — Saut. — Course. — Natation et vol.

Mode d'action des muscles. — Les *muscles* représentent, comme nous l'avons dit, les cordes de la Mécanique animale. Ils sont constitués, pour la plus grande partie, par un tissu spécial de nature essentiellement contractile, le tissu *musculaire*, et leur activité se manifeste sous l'impulsion du système nerveux. Les mouvements résultent du déplacement des leviers osseux auxquels les muscles sont fixés par leurs deux extrémités et que leurs contractions tendent à rapprocher ou à éloigner.

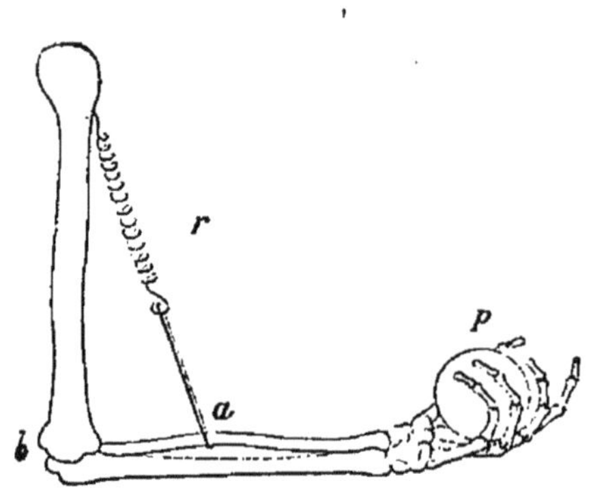

Fig. 45. — Mécanisme de l'action musculaire. — *p*, puissance. — *b*, point d'appui. — *a*, point d'application de la puissance. — *r*, résistance.

Les mouvements d'extension, aussi bien que ceux de flexion des membres, sont produits par des contractions musculaires. La différence d'effet dépend du point d'insertion. Dans la main, par exemple, les muscles *extenseurs* sont fixés sur la face dorsale des phalanges, les *fléchisseurs* sur la face opposée. Les contractions des extenseurs obligent les doigts à s'étendre ; celles des fléchisseurs les ramènent contre la paume de la main. On appelle muscles *antagonistes* les muscles dont l'action est ainsi opposée ;

muscles *congénères*, ceux qui s'unissent pour effectuer par une action commune un seul et même mouvement.

Structure. — Le tissu musculaire se compose de fibres disposées parallèlement et groupées en faisceaux. Ces fibres présentent une ténuité microscopique. Les divers faisceaux d'un muscle sont enveloppés par une toile fibreuse ou *aponévrose*, et une toile du même genre entoure le muscle tout entier, afin de l'isoler des parties voisines.

Les muscles ont, le plus ordinairement, une forme allongée, comparable à celle d'un fuseau. La partie moyenne, constituée par le tissu musculaire proprement dit, est rouge et charnue ; c'est elle qui, dans les animaux de boucherie, fournit la *viande*. Les deux extrémités sont formées par une substance blanche, nacrée, extrêmement résistante. Cette substance se continue directement avec le *périoste* ou enveloppe fibreuse des os. L'extrémité du muscle en rapport avec l'os à mouvoir est généralement allongée, en forme de corde, c'est ce qu'on appelle *tendon;* la partie en rapport avec l'os immobile est large, aplatie : elle forme ce qu'on appelle une *aponévrose d'insertion*

La vie est très-active dans les muscles ; aussi reçoivent-ils de très-nombreux vaisseaux sanguins. Il s'y trouve également beaucoup de filets nerveux ; mais la plupart proviennent du système moteur ; aussi la sensibilité n'y paraît-elle pas extrêmement développée, et les opérations pratiquées sur les parties très-charnues sont-elles, à cause de cela, moins douloureuses qu'on serait tenté de le croire.

Distribution. — Nous ne saurions entrer dans le détail des muscles. Ces organes sont au nombre de plus de quatre cents; disposés symétriquement, et généralement par paires, ils forment plusieurs couches superposées. La figure 46 montre les muscles superficiels du tronc, c'est-à-dire ceux qui, dans cette région, sont placés immédiatement sous la peau ; la figure 47 montre les muscles superficiels de la face.

On distingue, au point de vue de l'action initiale, trois classes de muscles :

1° Ceux qui agissent sous l'influence de la volonté, comme les muscles des membres, de la face;

2° Ceux qui agissent en dehors de la volonté, comme le cœur, les couches musculaires des intestins, de l'estomac, etc.;

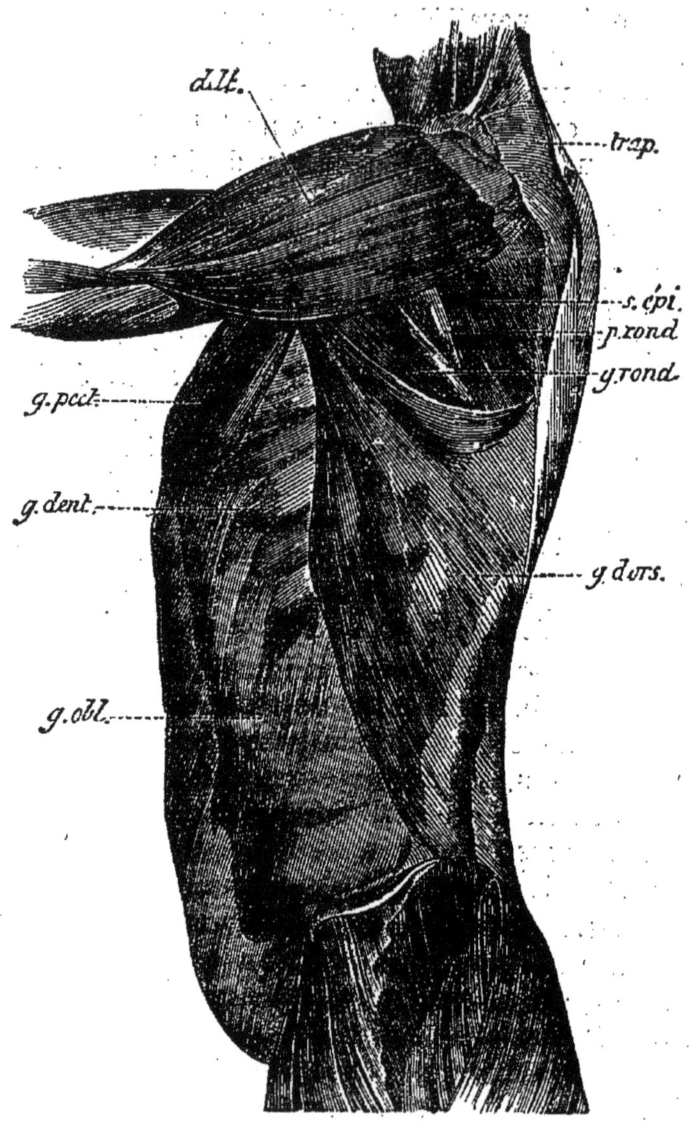

Fig. 46. — Muscles superficiels du tronc. — *trap.*, trapèze. — *delt.*, deltoïde. — *s-épi.*, sous-épineux. — *p. rond*, petit rond. — *g. rond*, grand rond. — *g. pect.*, grand pectoral. — *g. dent.*, grand dentelé. — *g. dors.*, grand dorsal. — *g. obl.*, grand oblique.

3° Ceux qui agissent habituellement sans avoir besoin du concours de la volonté, mais qui reçoivent au besoin son influence, comme les muscles abaisseurs et élévateurs des côtes dans la respiration.

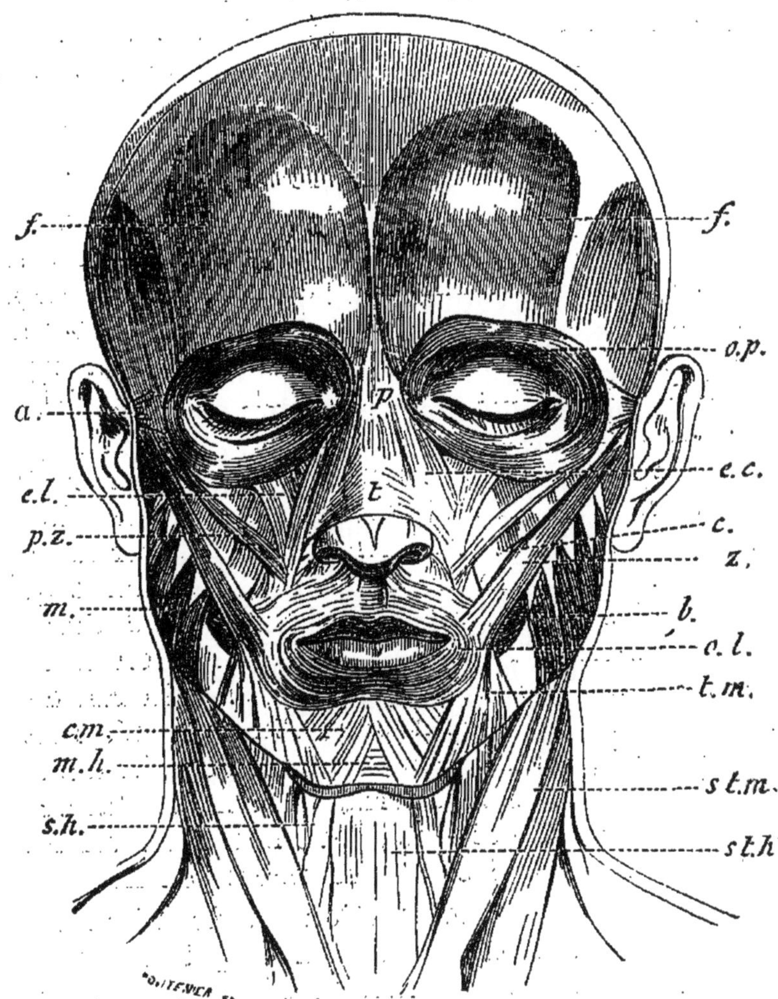

Fig. 47. — Muscles superficiels de la face. — *f*, frontal. — *o. p.*, orbiculaire des paupières. — *a. a.*, auriculaire antérieur. — *p.*, pyramidal. — *t.*, triangulaire. — *e. c.*, élévateur commun de la lèvre supérieure et du nez. — *e. l.*, élévateur propre de la lèvre supérieure. — *c.*, canin. — *z.*, zygomatique. — *p. z.*, petit zygomatique. — *m*, masseter. — *b.*, buccinateur. — *o. l*, orbiculaire des lèvres. *t. m.*, triangulaire du menton. — *c. m.*, carré du menton. — *m. h.*, houppe du menton. — *st. m.*, sterno-mastoïdien. — *st. h.*, sterno-hyoïdien. — *s. h.*, scapulo-hyoïdien.

Force musculaire. — Les différences de vigueur individuelles tiennent essentiellement au plus ou moins grand développement du système musculaire. Ce développement peut être naturel, mais il est souvent aussi le résultat d'exercices convenables et d'un régime approprié. Les médecins conseillent aux jeunes gens d'une constitution faible l'escrime, la gymnastique, la natation et les différents exercices du corps. Les anciens formaient de la même manière leurs athlètes, et, de nos jours, les chevaux de course ne sont jamais présentés aux luttes de l'hippodrome sans avoir été préalablement *entraînés.*

Il est nécessaire de reconnaître que l'excitabilité nerveuse intervient d'une manière considérable dans les questions relatives à l'activité musculaire. On voit fréquemment des individus d'apparence chétive déployer une vigueur prodigieuse. La colère ne double-t-elle pas les forces ; la rage, la folie, ne leur donnent-elles pas un degré d'énergie auquel rien ne semble pouvoir résister?

L'état de contraction des muscles ne pourrait se prolonger au-delà d'un espace de temps toujours assez restreint: la persistance de cet état amène promptement le sentiment de la *fatigue*, et le besoin de faire cesser la tension musculaire. Ce besoin est irrésistible ; l'homme que ses mains crispées retiennent seules sur le bord d'un précipice, lâche bientôt la branche à laquelle son salut était attaché. S'il semble moins pénible, en général, de marcher que de rester debout dans l'immobilité, c'est que, dans la marche, les muscles extenseurs et fléchisseurs des membres inférieurs sont alternativement à l'état de repos et de contraction, tandis que, dans la station verticale, la contraction des muscles extenseurs est continue.

Les alternances de contraction et de rémission des muscles, les doubles mouvements qui composent la marche, par exemple, amènent forcément, par leur répétition fréquente, le sentiment de la fatigue, et ce sentiment vient alors d'autant plus vite que les contractions musculaires se succèdent avec plus de rapidité. Les ouvriers employés par état à des travaux pénibles sont obligés, pour mener à bonne fin leur tâche quotidienne, de procéder avec une lenteur dont l'expérience leur a prouvé la nécessité.

Le jeu intermittent des muscles indépendants de la volonté se continue, durant le cours entier de notre vie, sans qu'il en résulte pour nous aucun sentiment de fatigue ; et cependant, pour n'en citer qu'un exemple, le cœur bat, c'est-à-dire se contracte, environ cent mille fois par jour.

Emploi de la force musculaire. — Quoique la force de l'homme soit très-bornée, on l'emploie souvent de préférence à celle des animaux, même dans des mouvements simples et uniformes, parce que, dans certaines circonstances, il est aisé de suppléer par le nombre à ce qu'il manque de force à chaque individu ; parce que les hommes occupent, à effet égal, souvent moins de place que les autres agents; parce qu'ils peuvent toujours agir par des machines plus simples et plus faciles à transporter que celles où l'on emploie les animaux; parce qu'enfin ils savent économiser leurs forces et modérer leur travail suivant les résistances qu'ils ont à vaincre. Le corps humain, composé de différentes parties flexibles, mues par un principe intelligent, se plie à une infinité de formes et de positions. Considéré sous ce point de vue, c'est presque toujours la machine la plus commode que l'on puisse employer dans les mouvements composés, qui demandent des nuances et des variations infinies dans les degrés de pression, de vitesse et de direction.

Il existe une infinité de manières d'appliquer la force de l'homme. Suivant que nous agissons à l'aide de tels ou tels muscles, nous produisons plus ou moins de travail, en nous fatiguant également. D'un autre côté, en agissant avec les mêmes membres, le travail produit par une même fatigue varie avec la rapidité du mouvement de ces membres et avec l'effort qu'ils ont à développer. Ainsi, à fatigue égale, au bout de la journée, l'homme, avec les muscles des jambes, produit plus de travail qu'avec ceux des bras, et, en agissant avec les jambes, il produit le plus de travail possible, lorsque les mouvements n'ont pas plus de rapidité que dans la marche ordinaire, et que l'effort à exercer approche le plus possible de celui que ses muscles exercent habituellement dans la marche. On trouve un exemple du mode d'emploi le plus convenable de la force humaine dans le travail du manœuvre qui fait agir les jambes sur une roue qui cède et tourne, pendant que la partie supérieure du corps reste sensiblement immobile.

L'homme qui se promène sur un terrain horizontal accomplit un certain travail mécanique; il transporte sa propre personne, dont le poids moyen est de 65 kilogrammes. Si nous supposons une marche de dix heures, avec une vitesse d'un mètre et demi par seconde, nous trouvons un travail équivalant à 3,510,000 unités dynamiques ou *kilogrammètres* (1). — Un homme qui voyage en portant sur son dos un bagage d'environ 42 kilogrammes, et qui marche pendant 7 heures, à la vitesse de 75 centimètres par seconde, ajoute au travail de son propre transport, pendant ce temps et avec cette vitesse, le travail correspondant à la translation de son fardeau, travail qu'on peut évaluer, sous le nom d'*effet utile*, à 756,000 unités dynamiques. — Un homme qui agit par son poids sur une roue à chevilles ou à tambour, produit en 8 heures un effet utile de 250,800 à 260,000 unités dynamiques. — Un homme poussant au cabestan produit en 8 heures un effet utile de 208,000 unités dynamiques. — Un homme transportant sur une charrette à bras un poids de 100 kilogrammes produit en 10 heures, à raison de 50 centimètres par seconde, 1,800,000 unités dynamiques, c'est-à-dire presque neuf fois autant de travail que l'homme poussant au cabestan, accroissement énorme résultant de l'emploi des roues comme auxiliaires du transport. — Le produit du travail utile effectué par un homme qui transporte des matériaux sur une brouette est de 540,000 unités, si l'on suppose le travail de 10 heures, la charge de 60 kilogrammes, et la vitesse de 50 centimètres par seconde, admettant pour le retour à vide, une perte de temps de moitié. — Si la brouette circule, non sur un plan horizontal, mais sur une rampe au 1/12e, le travail effectué descendra, les autres conditions restant les mêmes, à 41,540 unités, par suite du ralentissement de la vitesse à la montée, laquelle ne sera plus que 2 centimètres par seconde, la vitesse à la descente étant toujours de 50 centimètres. — Pour terminer ces différents aperçus, mentionnons l'effet utile produit sur une manivelle par un ouvrier travaillant 8 heu-

1. On appelle *kilogrammètre* la force capable d'élever ou de transporter un kilogramme à un mètre.

res, effet qui peut être évalué à 172,800 unités dynamiques, en supposant l'effort exercé de 8 kilogrammes et la vitesse de 75 centimètres par seconde.

Nous avons fait abstraction, dans ce qui précède, de toute considération particulière aux individus. Mais il est bien évident que le produit du travail musculaire est toujours, toutes choses égales d'ailleurs, en rapport direct avec la vigueur et l'énergie de la constitution. Il faut ajouter que ce travail constitue une dépense pour l'organisme, et qu'il entraîne l'obligation d'une réparation équivalente. Les hommes robustes et bien nourris supportent aisément la fatigue. Au contraire, le sentiment de la lassitude, l'impossibilité de continuer le travail se manifestent rapidement chez les individus débiles ou réduits à une alimentation insuffisante. C'est là un fait acquis à la science économique, et les travaux des chemins de fer nous ont montré plus d'une fois combien il était important de suivre, en cette circonstance, les indications qui ressortent des plus simples notions de physiologie.

MOUVEMENTS

Nous comprendrons dans un rapide examen des conditions du déplacement spontané chez l'homme et les animaux : la *marche*, le *saut*, la *course*, la *natation*, le *vol*. Quant à la *station*, c'est un état qui n'implique, à la vérité, aucun déplacement du corps dans l'espace, mais qui nécessite une contraction énergique des muscles extenseurs des membres. Pour que, dans cette posture, l'équilibre reste stable, il faut que le centre de gravité se maintienne exactement dans l'espace circonscrit par les pieds. Chez les quadrupèdes, la base de sustentation est extrêmement étendue Il n'en est pas de même chez l'homme ; aussi la station verticale ne peut-elle être longtemps prolongée sans fatigue.

Marche. — Dans la marche, le corps se déplace sans jamais cesser de s'appuyer sur le sol, et le centre de gravité est transporté d'un point sur un autre par le jeu alternatif et partiel des membres. Les muscles ont ainsi des périodes successives de repos et de contraction. La marche est, de tous les modes de locomotion, celui qui épuise le moins rapidement les forces. On cite des individus qui ont marché des mois entiers presque sans interruption, et parcouru des espaces immenses.

Saut. — Dans le saut, toutes les articulations sont d'abord fléchies, puis étendues soudainement, et le corps est lancé dans l'atmosphère à la façon d'un projectile. Ce mode de locomotion est très-fatigant; chez l'homme, il est toujours exceptionnel.

Course. — La course tient à la fois de la marche et du saut : c'est une succession de sauts, dans lesquels le corps, alternativement, touche à terre par un seul pied, puis, se trouve suspendu en l'air et complétement séparé du sol.

Natation et vol. — La natation et le vol sont des espèces de sauts exécutés dans des milieux fluides. L'impulsion imprimée au corps de l'animal est en rapport avec la résistance du milieu que ses membres ont dû frapper pour y trouver un point d'appui. La locomotion dans l'eau est rendue plus facile par le peu de différence qui existe entre la densité de ce liquide et celle des diverses matières qui constituent les êtres animés. Les mouvements natatoires ont le double but de maintenir le corps à la surface de l'eau et de déterminer sa progression. Pour obtenir ce résultat, il faut frapper l'eau plus vite qu'elle ne peut fuir, et faire en sorte de porter rapidement l'action des pieds et des mains sur un grand nombre de points différents. Le vol exige, à cause de la faible densité du milieu, un déploiement de force musculaire dont l'oiseau seul est capable. Il ne faut pas s'étonner si, jusqu'à l'invention des ballons, les régions aériennes nous sont restées complétement inaccessibles.

CHAPITRE XI

NOTIONS D'HYGIÈNE

Objet de l'hygiène. — Influence des milieux. — Atmosphère. — Electricité. — Lumière. — Température. — Humidité. — Composition chimique. — Aération, ventilation. — Asphyxies : premiers soins. — Vents. — Eaux pluviales courantes, stagnantes. — Habitations. — Vêtements. — Bains. — Exercices et mouvements. — Alimentation.

L'hygiène est la science qui fait connaître les conditions et les moyens de conservation de la santé. Ses préceptes ont pour objet de placer l'individu dans la situation la plus favorable au jeu régulier des fonctions et au libre développement des facultés physiques et intellectuelles. Comme ils ne sont, le plus souvent, que des déductions tirées de l'étude de la physiologie, quelques notions sur les points les plus importants achèveront de rendre familière la connaissance des fonctions et des organes, en y rattachant d'utiles considérations pratiques.

Influence des milieux. — On entend par cette expression l'action plus ou moins directe qu'exercent sur notre organisme l'atmosphère, les eaux, le sol, les habitations, etc., en un mot, les conditions extérieures au milieu desquelles et sous l'influence desquelles nous vivons.

Atmosphère. — L'atmosphère agit par son électricité, par son état hygrométrique et calorifique, par la lumière qui la traverse, par les mouvements et fluctuations qui s'y produisent, par les changements qui peuvent survenir dans sa composition chimique. Ces diverses influences se manifestent d'une manière essentiellement distincte, et il convient de les étudier séparément.

Électricité. — Dans l'état ordinaire des choses, nous ne nous apercevons point que l'électricité atmosphérique exerce sur nous une influence particulière; mais, dans les chaudes journées d'été, pendant les heures accablantes qui précèdent les orages, tout le monde ressent un malaise, un abattement, dont il ne faut pas chercher la cause ailleurs que dans l'extrême tension de cette électricité.

Nous indiquerons plus loin les premiers soins qui doivent être donnés aux individus asphyxiés par la foudre, lorsque leur état laisse encore quelque espoir. Plusieurs circonstances tendent à multiplier ces sortes d'accidents. C'est ainsi qu'on a malheureusement l'habitude de se réfugier sous les arbres, et qu'on oublie que les tiges élevées sont de véritables conducteurs et attirent la foudre. D'un autre côté, une fuite précipitée a pour effet de déplacer l'air rapidement et de provoquer la décharge électrique. Il est, par la même raison, très-dangereux de sonner les cloches quand il tonne, ainsi qu'on le fait dans beaucoup de localités; combien de fois les sonneurs n'ont-ils pas été foudroyés?

Lumière. — L'action de la lumière solaire est bien manifeste chez les végétaux; c'est sous son influence seule que les fonctions s'accomplissent dans leur plénitude. Les plantes privées de lumière se décolorent, s'étiolent et dépérissent. Il en est exactement de même pour les animaux, et pour l'espèce humaine en particulier. Les individus qui vivent ou travaillent habituellement dans des endroits plus ou moins complétement privés de lumière perdent leur coloration, et deviennent mous, faibles, lymphatiques. Les enfants prennent une constitution rachitique et scrofuleuse. Les épidémies, dans de pareilles conditions, se montrent beaucoup plus meurtrières. Les règlements de salubrité publique prescrivent l'assainissement des lieux d'habitation où l'air et la lumière ne pénètrent pas en quantité suffisante. Il importe à toutes les classes de la société que ces règlements soient mis sérieusement à exécution; car c'est dans les cloaques habités par la misère que naissent et se développent les maladies dont l'apparition fait époque dans l'histoire, et qui, après avoir enlevé d'abord tout ce qui était pauvre et infirme, finissent par ne plus épargner personne.

L'action même passagère d'une lumière trop intense produit les *coups de soleil,* sortes d'inflammations de la peau, contre lesquelles on emploie utilement, au début, les compresses et les lotions vinaigrées. Les *érysipèles*, les congestions cérébrales reconnaissent souvent la même origine. Les *éphélides* ou taches de rousseur proviennent de l'action du soleil sur la peau. Les personnes qui vivent au grand air ont le teint brun et hâlé. Les ouvriers exposés à la réverbération de la lumière solaire ou bien à une forte lumière artificielle, et ceux qui se servent d'instruments grossissants, sont sujets à diverses maladies de l'organe de la vision. Quoi que l'on fasse, il est difficile, parfois même impossible de détruire entièrement la cause première de ces affections. On peut cependant en atténuer jusqu'à un certain point les effets; il suffit, pour cela, d'employer quelques mesures de précaution que le simple bon sens indique, mais qu'une fâcheuse insouciance empêche le plus souvent d'appliquer.

Température. — La chaleur qui nous vient du soleil ne se distribue pas d'une manière égale. On trouve à la surface du globe toutes les températures intermédiaires entre 56 degrés centigrades au-dessous de 0, minima observé au fort Reliance (Amérique du Nord), et 47 centigrades au-dessus de 0, maxima observée à Esnée (Egypte). Soumis successivement à des différences qui constituent un écart de plus de 100 degrés, le corps humain conserve une température moyenne de 37 à 38 degrés. Le même niveau s'est maintenu chez des expérimentateurs qui s'étaient enfermés dans un four chauffé à 120 degrés. La cause principale de la fixité observée paraît être l'exhalation cutanée ou transpiration insensible, laquelle augmente à mesure que la température s'élève et détermine un refroidissement qui annule les effets de la chaleur extérieure. Les boissons nous fournissent le moyen de suffire à cette évaporation, qui, sans cela, épuiserait rapidement nos organes.

Une température très-haute peut déterminer des accidents qui se rapportent à la *syncope* ou même à *l'asphyxie* Elle occasionne aussi des congestions cérébrales, des *cou de sang.* C'est dans la saison des chaleurs que l'on constate le plus grand nombre de cas d'aliénation mentale et le plus grand nombre de suicides.

A égalité de température, une chaleur sèche est supportée plus facilement par nos organes qu'une chaleur humide, telle que celle qui se produit dans diverses industries où les ateliers sont constamment remplis de vapeurs aqueuses. En effet, une atmosphère saturée d'humidité se prête plus difficilement à l'évaporation qui, d'ordinaire, vient contre-balancer une très-notable partie des effets de la chaleur.

Nous supportons assez bien le froid, même lorsqu'il est très-intense, si nous pouvons lui opposer une réaction intérieure suffisamment énergique, si la respiration et la circulation fonctionnent dans toute leur plénitude. C'est à ce titre que la marche et les exercices du corps sont d'excellents moyens de combattre l'action du froid. L'immobilité, le sommeil, l'état de maladie, la fatigue, la privation de nouriture nous placent, au contraire, dans de très-mauvaises conditions. Il est dangereux de s'exposer brusquement au froid lorsque la digestion n'est pas encore terminée et que toutes les forces de l'économie sont concentrées dans cette opération. Les boissons alcooliques, prises en petite quantité, donnent du ton à nos organes et les mettent mieux en état de résister au froid ; prises en excès, elles agissent en sens contraire et précipitent les accidents.

Dans nos climats, la température reste voisine de zéro pendant une partie plus ou moins longue de la saison d'hiver. Pour échapper à cette conséquence nécessaire de notre situation géographique, beaucoup de personnes s'emprisonnent dans des appartements où règnent un air vicié et une chaleur malsaine. Il vaut infiniment mieux, au point de vue de l'hygiène, affronter courageusement la température extérieure, contre laquelle on est, du reste, bien vite aguerri. Les enfants, pendant les heures de récréation, ne doivent point, lorsque le froid est sec, rester calfeutrés dans des salles d'étude toujours assez mal aérées. Les exercices gymnastiques en plein air, les courses au pas mesuré, par exemple, auront alors sur leur santé une influence salutaire.

Le froid, quand l'humidité l'accompagne, est extrêmement malsain. Les pays exposés à cette double influence présentent une population maladive et décimée par les épidémies. Dans les contrées septentrionales, la saison la plus insalubre est celle où la neige et la glace commencent à fondre.

Dans les climats très-chauds, la saison humide amène des fièvres du plus pernicieux caractère, engendrées sans aucun doute par l'action d'une haute température sur un sol gorgé de matières végétales dont l'eau favorise la décomposition.

Le brusque passage d'une température élevée à une température basse détermine un *refroidissement*, c'est-à-dire un arrêt subit de la transpiration cutanée et une congestion du sang vers les organes centraux, particulièrement vers les poumons. De là, différentes formes de maladies, telles que les *pleurésies*, les *pneumonies*, etc. Les courants d'air sont très-pernicieux, même dans une atmosphère chaude, parce qu'ils accélèrent l'évaporation et refroidissent les parties de la peau exposées à leur action. L'ingestion de boissons froides peut avoir des conséquences aussi dangereuses. Quel que soit donc le plaisir que l'on éprouve à boire frais, lorsqu'on a chaud, il faut savoir y résister toutes les fois que le corps se trouve dans l'état de moiteur. L'eau mélangée d'un peu de vin, de vinaigre, d'alcool ou de café présente, à cet égard, bien moins d'inconvénients que l'eau pure.

Les personnes exposées par profession aux brusques changements de température contractent de bonne heure des affections *rhumatismales*. Ces affections sont fréquentes dans les contrées méridionales, où la fraîcheur des nuits contraste avec la chaleur étouffante des journées. Les manteaux et les amples draperies que portent certains peuples constituent un excellent préservatif contre l'influence de ces transitions soudaines.

Le passage du froid au chaud produit, quand la différence est considérable, des accidents analogues, sous certains rapports, à ceux que détermine le passage du chaud au froid ; il en résulte des congestions cérébrales et même des *asphyxies*. Il faut éviter avec grand soin de transporter dans une chambre trop chaude les individus saisis par le froid. La plupart des *engelures* proviennent de la mauvaise habitude qu'on a d'approcher immédiatement les mains et les pieds du foyer, lorsque, l'hiver, on entre dans un appartement.

Humidité. — L'atmosphère contient toujours une certaine quantité d'eau à l'état de vapeur. La proportion de vapeur d'eau que l'atmosphère est susceptible de renfermer se trouve limitée pour chaque degré de température ; elle est d'autant plus forte que la température est plus élevée. A 15 degrés centigrades, chaque mètre cube d'air peut contenir environ 14 grammes d'eau ; à la température de 0, le maximum est de 5 grammes et demi seulement ; à + 30, le maximum est de 31 à 32 grammes. La proportion maximum ne peut être dépassée, et, s'il arrive que la température baisse lorsque l'air est saturé d'humidité, c'est-à-dire, contient toute la vapeur qu'il pouvait contenir, une partie de cette vapeur se condense.

Les impressions physiques de sécheresse ou d'humidité que nous ressentons, ne sont point en rapport avec la proportion absolue d'eau que l'atmosphère renferme, mais avec l'état de saturation de cette même atmosphère. L'air nous semble humide lorsque, la température étant 0, il contient quatre grammes d'eau par mètre cube; il nous semble très-sec, à la température de 30 degrés centigrades' s'il contient vingt grammes d'eau par mètre cube, bien que cette proportion soit quintuple de celle qui existe dans le premier cas. On a vu tout à l'heure les conséquences qui résultent pour nous du séjour dans une atmosphère humide.

Composition chimique. — Étudiée dans les espaces libres, l'atmosphère présente toujours les mêmes éléments, associés dans des proportions à peu près identiques. L'air des grandes villes est, pour le chimiste, exactement le même que celui des campagnes ; c'est à peine si l'on a constaté une différence d'un dix-millième pour la proportion d'acide carbonique entre l'air recueilli à Paris, au-dessus de la place Maubert, et celui qu'on avait pris au milieu de la forêt de Montmorency. Dans l'état actuel de la science, il est rarement possible d'isoler les particules matérielles qui rendent un air salubre ou malsain, et cependant il est incontestable qu'il existe bien souvent entre deux atmosphères une grande différence quant aux effets produits sur notre organisation.

Lorsque nous habitons des espaces confinés, nous avons à nous préoccuper des modifications introduites par notre présence même dans la composition chimique de l'atmosphère. Notre respiration constitue, en effet, pour l'air qui nous entoure, une cause d'altération des plus actives ; cette fonction transforme incessamment en acide carbonique une certaine proportion de l'oxygène introduit dans nos poumons. Notre exhalation cutanée et notre exhalation pulmonaire versent, en outre, d'une manière non moins continue, dans cette même atmosphère de la vapeur d'eau tenant en dissolution ou en suspension des matières animales très-promptes à se décomposer et à former des *miasmes*.

L'atmosphère, dans les conditions ordinaires, renferme à peu près la moitié de la quantité de vapeur aqueuse qui établirait son maximum d'humidité. Nous produisons, chaque heure, par le fait de l'exhalation pulmonaire et de l'exhalation cutanée, environ 42 grammes de vapeur d'eau. L'air des appartements a généralement pour température moyenne 15 degrés centigrades ; à l'état de demi-saturation, il renferme donc près de 7 grammes de vapeur par mètre cube. Si l'on habite une pièce dont la capacité ne soit que de 6 mètres cubes, il ne faudra qu'une heure pour que l'espace se trouve saturé d'humidité; car 7 grammes d'eau provenant de notre propre organisme viendront s'ajouter, pour chaque mètre cube d'air, aux 7 grammes originairement contenus dans l'atmosphère de la pièce. Dès lors, une partie de la vapeur d'eau se condensera, et, en même temps, par la décomposition des matières organiques, se formeront des miasmes délétères. Dans une pièce d'une capacité de 12 mètres cubes, le même résultat ne se produira qu'au bout de deux heures ; dans une pièce de 36 mètres cubes, au bout de 6 heures seulement.

Théoriquement, les diverses causes d'exhalation dont il vient d'être question nécessiteraient, dans les endroits habités, un volume d'air de 5 à 6 mètres cubes par personne, et par heure de séjour. Une chambre à coucher, pièce où l'air n'est pas renouvelé pendant un certain nombre d'heures de la nuit, devrait avoir une capacité minimum de 30 mètres cubes ; l'espace devrait être double, au moins, si le local recevait plusieurs personnes. Cette condition se trouve bien rarement remplie, et la majeure partie de la population des cités serait condamnée à périr par défaut d'air respirable, si les fissures sans nombre des portes, des fenêtres, et la porosité même des murailles ne fournissaient pas une très-large ventilation supplémentaire. Les règlements administratifs en vigueur dans les grandes villes exigent aujourd'hui, pour les pièces louées à titre d'habitations, une capacité d'au moins 14 mètres cubes par personne et une hauteur minimum de 2 mètres 60 centimètres.

Toutes les combustions qui ont lieu dans les espaces confinés tendent à vicier l'air ; elles en convertissent l'oxygène en acide carbonique. Les appareils d'éclairage produisent le même résultat. Un bec de gaz brûle par heure, 327 grammes d'oxygène : si l'on considère que l'homme, en un pareil espace de temps, ne brûle que 25 à 30 grammes d'oxygène, on voit quelle peut être l'influence de cette cause d'altération, particulièrement pour les salles de bal et de spectacle. Les foyers, dans les circonstances ordinaires, sont d'excellents ventilateurs et entretiennent un courant d'air continu; mais, lorsque la combustion tire à sa fin, il peut se faire que le courant s'interrompe et que l'acide carbonique, ne rencontrant plus d'issue vers l'extérieur, se répande dans l'atmosphère de l'appartement.

Les combustions peu actives donnent naissance à de l'*oxyde de carbone*, gaz extrêmement délétère et qui produit des effets pernicieux sur notre organisation, aussitôt qu'il existe dans l'air à la proportion de deux ou trois millièmes. La formation de ce gaz détermine les étourdissements dont se plaignent les personnes qui, pour allumer le feu, soufflent sur les charbons avec la bouche ; il s'en dégage également des débris à demi consumés dont on remplit les chaufferettes. Tous les jours on signale des asphyxies causées par des poêles mal éteints, et dont on avait tenu la soupape fermée durant la nuit : ces asphyxies sont dues le plus ordinairement à l'oxyde de carbone. On a constaté de plus, dans ces derniers temps, que les poêles de fonte fortement chauffés laissent passer à travers leurs parois les gaz produits par la combustion; ces gaz se répandent dans l'atmosphère, et voilà une nouvelle cause d'altération.

Il existe parfois, dans les atmosphères confinées, des gaz ou vapeurs susceptibles d'agir sur nos organes pulmonaires comme les poisons agissent sur le tube digestif. On range dans cette catégorie l'hydrogène sulfuré qui se forme dans les égoûts, les fosses d'aisances; les exhalaisons putrides qui se produisent dans le travail de certaines professions; les vapeurs nitreuses des ateliers de décapage; les buées des fonderies, etc.; c'est surtout pour les endroits exposés à ces funestes influences que le renouvellement de l'air devient un besoin impérieux. Quand l'espace est resserré, quand les ouvertures naturelles ne fournissent pas une aération suffisante, il est de toute nécessité de recourir à l'un des systèmes de ventilation le mieux éprouvés par la pratique. Il en est de même pour les ateliers dont l'air est constamment mélangé de poussières organiques ou minérales, pour ceux, par exemple, où l'on fait le polissage des métaux, le broyage des matières siliceuses, le moulage au poussier de charbon, le travail du coton, du crin, du duvet, de la laine, etc. Ces poussières pénètrent avec l'air dans les poumons; elles en altèrent la substance par une action mécanique.

Asphyxies — Toutes les fois que l'air devient irrespirable, ou bien que les phénomènes de la respiration se trouvent interrompus, il se manifeste chez l'homme, comme chez les animaux, un état particulier, l'*asphyxie*, état bientôt suivi de la mort. C'est victimes de la privation d'air que périssent les individus qui se noient, qui se pendent ou que l'on étrangle, ceux qui sont étouffés par les vapeurs du charbon, ceux qui sont ensevelis sous les éboulements. En présence de semblables accidents, il ne faut pas hésiter un instant à employer tous les moyens susceptibles de rétablir la fonction respiratoire dans ses conditions normales. S'il est un préjugé fatal, c'est celui qui fait laisser la corde au cou du pendu jusqu'à l'arrivée des gendarmes et du commissaire; s'il est un scrupule absurde, c'est celui qui retient devant une porte des voisins indécis, pendant que les émanations si connues du charbon ne laissent aucun doute sur l'accomplissement d'un suicide.

De 1836 à 1856, c'est-à-dire pour une période de vingt ans, les relevés officiels accusent un total de 180,000 morts accidentelles et d'à peu près 70,000 morts volontaires; sur ces 250,000 décès, les trois cinquièmes, soit environ 150,000, se rapportent aux différentes formes d'asphyxie. Tout le monde, à chaque heure, peut donc se trouver dans une de ces circonstances où quelques minutes de retard dans l'administration des premiers soins décident du sort d'une créature humaine, où quelques notions d'hygiène, auxquelles on n'avait peut-être jamais attaché grand prix, deviennent tout à coup d'une importance capitale.

Les enfants mêmes peuvent à défaut de personnes plus expérimentées, rendre d'utiles services. Plus d'une fois des élèves de l'école Turgot ont trouvé l'occasion d'appliquer l'enseignement reçu au cours.

Nous avons cru devoir réunir ici quelques prescriptions relatives aux cas les plus fréquents d'asphyxie. Nous rappellerons toutefois que les secours du médecin sont toujours indispensables; que ces secours doivent être immédiatement réclamés, et que les personnes étrangères à l'art de guérir ne peuvent intervenir que d'une manière provisoire et vu la nécessité d'une assistance immédiate. Aussitôt que le médecin arrive sur le théâtre de l'accident, c'est à lui qu'appartient désormais toute direction.

Noyés. — Dès qu'un noyé est retiré de l'eau, l'étendre sur le côté droit, incliner légèrement la tête en avant, écarter doucement les mâchoires pour faciliter la sortie de l'eau. Bien se garder de suspendre le noyé par les pieds, comme on le fait dans quelques endroits; cette pratique n'a aucun effet utile, et peut déterminer des congestions cérébrales. Pendant ces premiers soins, comprimer doucement et alternativement le bas-ventre, de bas en haut, et les deux côtés de la poitrine, de manière à faire exécuter à ces parties le mouvement qu'on exécute quand on respire. Ensuite, envelopper le noyé de couvertures, ou de foin, ou de paille, et le transporter dans la maison la plus rapprochée, ou bien dans celle où l'on espère rencontrer le plus de ressources. Là, le déshabiller, l'essuyer, le couvrir d'une robe chaude, l'étendre sur un matelas entre deux couvertures, dans la position indiquée plus haut, et en réitérant les pressions sur le ventre et la poitrine. Dès que la respiration tend à se rétablir, cesser une manœuvre qui serait désormais nuisible.

D'un autre côté, afin de rétablir la chaleur vitale, promener sur le vêtement dont on a recouvert le noyé, soit une bassinoire, soit une bouteille remplie d'eau chaude : frictionner avec des frottoirs de laine chauds les cuisses, les bras, et principalement l'épine du dos et la région du cœur ; brosser doucement, mais lentement, la plante des pieds et le creux des mains. Continuer les frictions chaudes, même quand le noyé commence à donner signe de vie. Si, durant les efforts que le noyé fait pour respirer, on remarque des envies de vomir, lui chatouiller le fond de la bouche avec les barbes d'une plume. Ne pas donner de boisson à un noyé, à moins qu'il n'ait repris ses sens. On peut cependant lui introduire dans la bouche quelques gouttes d'eau d'une liqueur alcoolique.

Asphyxie par le charbon et les gaz méphitiques. — Retirer l'asphyxié, au plus vite, du local où s'est produit l'accident, le porter dans une pièce dont la température soit modérée, le déshabiller, l'*asseoir sur une chaise*, lui jeter de l'eau froide par potée sur le corps et sur le visage. De temps à autre, faire, pour provoquer la respiration, la même manœuvre que pour les noyés. Si l'on remarque des efforts pour vomir, chatouiller de la même manière l'arrière-bouche.

Dès que l'asphyxié peut avaler, lui faire boire de l'eau vinaigrée, l'essuyer, le coucher chaudement.

Asphyxie par la foudre. — Se hâter de porter l'asphyxié au grand air ; le dépouiller de ses vêtements ; l'arroser d'eau froide, frictionner les extrémités, presser alternativement la poitrine et le bas-ventre, comme pour les noyés.

Asphyxie par le froid. — Il est de la plus haute importance de ne rétablir la chaleur que lentement et par degrés. Transporter l'asphyxié dans une chambre *sans feu* : dans un endroit chaud, il serait infailliblement perdu. Le frictionner avec de la neige, des compresses d'eau froide ; opérer les compressions alternatives comme pour les noyés. Lorsque le malade commence à se réchauffer, l'essuyer, le placer dans un lit qui ne soit pas plus chaud que le corps même. Ce n'est que graduellement qu'on élève la température de la chambre.

Les fonctions étant rétablies, faire avaler au malade un demi-verre d'eau froide additionnée de quelques gouttes d'eau de mélisse ou d'eau de Cologne. Par ces soins, on a pu sauver des asphyxiés par le froid, même après douze ou quinze heures de mort apparente.

Asphyxie par la chaleur. — Transporter l'asphyxié dans un lieu frais, le débarrasser de tout vêtement gênant la circulation, pratiquer au plus tôt une saignée. Administrer ensuite des bains de pieds médiocrement chauds, de l'eau acidulée par petites gorgées. Les boissons aromatiques et vineuses sont nuisibles. Si l'asphyxie a été déterminée par l'action du soleil, le traitement est le même ; on y joint des applications d'eau froide sur la tête. C'est alors surtout que la saignée est efficace ; si quelqu'un des assistants est apte à la pratiquer, il ne doit pas hésiter à le faire sans attendre l'arrivée du médecin.

Asphyxie par strangulation ou suspension.—Couper la corde et descendre le corps, en le soutenant pour qu'il n'éprouve aucune secousse. Couper le lien qui entoure le cou ; desserrer, enlever toutes les pièces du vêtement qui pourraient gêner la circulation ; tout cela sans *attendre l'arrivée du commissaire de police ou de tel autre officier public*. Coucher ensuite le pendu sur un lit, dans une chambre aérée. Quand la suspension a eu lieu depuis peu de minutes, il suffit quelquefois, pour rappeler la vie, de faire des affusions d'eau froide sur la face, d'appliquer sur le front et sur la tête des linges trempés dans l'eau froide. En même temps, on opère les compressions alternatives et les frictions comme pour les autres espèces d'asphyxie.

Dès que le malade peut avaler, lui faire prendre par petites quantités de l'eau additionnée d'un peu d'eau de mélisse ou d'eau de Cologne. En attendant l'arrivée du médecin, si la strangulation présente un caractère apoplectique bien marqué, poser sept ou huit sangsues derrière chaque tempe et derrière chaque oreille.

Résumé. — Les premiers soins à donner dans les cas d'asphyxie varient, comme on vient de le voir, suivant la cause de l'accident. Néanmoins, si l'on considère que les trois phénomènes les plus considérables qui se produisent dans cette circonstance sont : l'interruption des mouvements respiratoires, la disparition de la chaleur intérieure, l'anéantissement de la sensibilité, on peut en conclure que les indications les plus importantes, celles qu'il serait le plus utile de retenir dans la mémoire et d'appliquer au besoin, sont celles qui se rattachent à cette triple altération de nos fonctions.

Rappelons donc, pour résumer ce qui précède :

1° Que des pressions alternatives exercées doucement et patiemment sur les parois du ventre et les côtés de la poitrine contribuent efficacement à rétablir le mécanisme de la respiration ;

2° Que des frictions ramènent la chaleur, et, subsidiairement, la sensibilité dans la peau, et que les odeurs fortes, les stimulants, le chatouillement des narines, réagissent sur les autres sens de manière à réveiller leur activité.

Influence des vents. — Les vents agissent d'une manière utile, en renouvelant incessamment les couches d'air, en les empêchant de s'altérer par un séjour prolongé dans les mêmes localités. Par contre, lorsqu'ils passent sur des contrées marécageuses ou infectées de quelque épidémie, ils se chargent de principes nuisibles qu'ils disséminent.

Suivant la direction qu'ils ont suivie, les climats qu'ils ont traversés, les vents sont froids ou chauds, secs ou humides, et ils agissent sur notre organisation d'autant de manières différentes.

Les personnes affligées d'une mauvaise santé sont, d'ordinaire, très-sensibles à l'action de certains vents ; une aggravation dans leur état de souffrance précède assez habituellement les changements atmosphériques qui doivent amener le vent qui leur est contraire.

En France, les vents de l'ouest et du sud sont généralement chauds et pluvieux; ceux du nord et de l'est sont secs et froids. Cette règle présente des exceptions qui s'expliquent toujours facilement par l'examen des conditions géographiques.

A Paris, on compte, année moyenne, 45 jours de vent du nord, 62 de vent du sud, 23 de vent d'est, 70 de vent d'ouest, 40 de vent nord-ouest, 35 de vent nord-est, 23 de vent sud-est, 67 de vent sud-ouest. Dans cette même ville, d'après M. de Gasparin, on compte, année moyenne, 142 jours pluvieux, et les probabilités en faveur de la pluie, par les différents vents, sont les suivantes :

Vent du Nord	0,13	Vent du Sud	0,39
— Nord-Est	0,09	— Sud-Ouest	0,85
— Est	0,11	— Ouest	0,54
— Sud-Est	0,29	— Nord-Ouest	0,38

Ces chiffres signifient que, à Paris, lorsque souffle, par exemple, le vent du nord, il y a 13 chances seulement sur 100 pour qu'il pleuve, et qu'il y en a 85, au contraire, lorsque souffle le vent du sud-ouest.

Eaux. — L'influence des eaux est tout à fait différente, suivant que l'on considère les eaux pluviales, les eaux courantes ou les eaux stagnantes.

Eaux pluviales. — La quantité de pluie fournie par l'atmosphère contribue essentiellement, en dehors de toutes les autres causes, à rendre les climats plus ou moins humides ou plus ou moins salubres. On mesure, au moyen d'instruments particuliers, la quantité de pluie qui tombe annuellement dans un endroit donné. Voici, pour quelques localités, le résultat de ces observations :

Cap français (St-Dom.)	308 cent.	Liverpool, Manchester	85 cent.
Bombay, Calcutta	205	Venise	81
Gênes	140	Lille	76
Pise	124	Utrech	73
Naples, Milan	95	Londres, Paris	53
Douvres	95	Marseille	47
Lyon	89	Pétersbourg	46

L'eau de pluie est d'une grande pureté; elle ne contient point de matières salines en dissolution, et l'on peut l'employer avantageusement pour les usages domestiques.

Dans les localités éloignées des cours d'eau, des réservoirs ou citernes servent à recueillir l'eau des pluies. L'entretien et le curage de ces citernes doivent être l'objet d'un soin tout particulier; en effet, diverses circonstances y amènent incessamment des matières animales et végétales dont la décomposition tend à rendre les eaux insalubres.

Il est important que les vases employés dans les habitations pour recueillir les eaux pluviales ne soient point faits de matières métalliques susceptibles de former au contact de l'eau des oxydes nuisibles à la santé.

Eaux courantes. — Les eaux courantes sont toujours moins pures que les eaux pluviales; elles empruntent aux terrains qu'elles traversent des éléments minéraux en rapport avec la nature même de ces terrains. C'est la différence dans la composition minérale qui donne à certaines eaux une aptitude spéciale pour les besoins de certaines industries. Telles eaux sont excellentes pour la teinture des étoffes, telles autres, pour le tannage et le mégissage des peaux, etc. Nos brasseurs attribuent l'impossibilité d'imiter en France la bière d'Écosse à la différence de composition qui existe entre les eaux des deux pays.

Diverses matières salines, telles que le sulfate calcaire, rendent, lorsqu'elles se trouvent en excès, les eaux impropres à la cuisson des légumes et au savonnage; elles en font, en même temps, une boisson peu saine. Les eaux destinées à la consommation des villes ne doivent renfermer qu'une très-faible proportion de matières salines; souvent on dépense des sommes considérables pour faire venir de très-loin des eaux qui présentent cet avantage, bien qu'il se trouve à proximité des sources très-abondantes, mais qui ne sont point suffisamment pures.

On trouvera dans le tableau suivant la constitution saline des eaux de nos principales rivières.

Les eaux des canaux tiennent le milieu entre les eaux courantes et les eaux stagnantes. Leur composition varie d'après la nature même du sol qu'elles traversent et celles des rivières, ruisseaux, etc., qui les alimentent. Employées comme boisson, elles laissent beaucoup à désirer, parce qu'elles sont presque toujours plus ou moins altérées par des matières organiques à l'état de décomposition. Une altération analogue se produit, à l'époque des chaleurs, dans les cours d'eau les plus salubres, lorsque les eaux très-basses laissent à sec les joncs et les herbes aquatiques. Le rouissage du chanvre en rivière, dans certaines conditions, peut entraîner les mêmes inconvénients.

	CENT LITRES D'EAU.	GARONNE.	SEINE.	RHIN.	LOIRE.	RHONE.	DOUBS.	MARNE.
SELS MINÉRAUX.	Silice	4,01	2,44	4,88	4,50	2,38	1,59	3,00
	Alumine	...	0,05	0,25	0,71	0,39	0,21	...
	Oxyde de fer	0,31	0,52	0,58	0,55	...	0,30	...
	Carbonate de chaux	6,45	16,55	13,56	4,81	7,89	19,10	30,10
	Carbonate de magnésie	0,64	0,27	0,50	0,61	0,49	0,28	12,00
	Sulfate de chaux	...	2,69	1,47	...	4,66	...	2,20
	Sulfate de magnésie et de soude	...	...	...	...	0,63	...	1,80
	Chlorure de sodium	0,32	1,23	0,20	0,48	0,17	0,23	2,00
	Carbonate de soude	0,65	...	...	1,46	...	...	...
	Sulfate de soude	0,53	...	1,35	0,34	0,74	0,51	...
	Sulfate de potasse	0,76	0,50	...	...	...	...	...
	Azotate de potasse	...	...	0,38	...	0,40	0,41	...
	Azotate de soude	...	0,94	...	...	0,45	0,39	...
	Azotate de magnésie	...	0,52	...	...	...	...	...
	Poids total (en grammes)	13,67	25,44	23,17	13,46	18,20	23,02	51,10

L'eau des *puits* est, en général, peu propre à la boisson, non plus qu'à la cuisson des légumes ; elle est *séléniteuse*, c'est-à-dire trop chargée de matières salines et surtout de sulfate de chaux. Ce sulfate de chaux provient des fondations au milieu desquelles les puits des habitations se trouvent encadrés. Lorsque les puits sont voisins de fosses d'aisances, les matières putrides y pénètrent par infiltration, et l'eau contracte une odeur et une saveur infectes. Dans les campagnes, les puits sont souvent entourés d'arbres ; des feuilles y tombent continuellement et s'y décomposent, ce qui est un grave inconvénient, surtout lorsque les arbres sont des noyers.

Eaux stagnantes. — Les eaux dépourvues d'écoulement, telles que celles des lacs, étangs, marais, mares, etc., sont pour les localités qui les avoisinent une cause permanente d'insalubrité. Partout où existent des eaux stagnantes, se développent, sous l'influence des exhalaisons marécageuses, des fièvres ou des épidémies, dont les animaux mêmes ne sont pas exempts. Les vents, dans cette circonstance, agissent d'une manière funeste en propageant au loin l'infection ; c'est ainsi que des épidémies nées dans les marais de la Hollande ont été tout d'un coup transportées sur la côte de l'Angleterre. Nous avons en France 450,000 hectares de marais ; une partie notable de la population vit donc au milieu de conditions essentiellement contraires à la conservation de la santé. Le seul remède radical à cet état de choses serait l'assainissement et le dessèchement des marais ; mais bien souvent l'entreprise est impossible, ou, du moins, présente de très-grandes difficultés. Il serait indispensable, en pareil cas, d'opposer à l'influence des miasmes les mesures de précaution que l'hygiène indique. Malheureusement, dans les contrées marécageuses, une grande partie de la population, réduite à l'état le plus misérable, ne peut rien faire pour se préserver.

Lorsqu'on doit habiter au voisinage des marais, il importe de s'établir à une grande distance de la lisière de l'eau, sur un terrain élevé et garni d'arbres, de telle sorte qu'il existe un rideau entre la maison et le marécage. On habitera de préférence les étages supérieurs ; ils sont moins exposés à l'action des miasmes. On se tiendra à l'abri des brouillards du soir et du matin. On se vêtira chaudement, et l'on évitera particulièrement de laisser les pieds en contact avec la vase. On vivra sobrement, mais d'une manière substantielle et tonique ; la viande et le vin devront, autant que possible, entrer dans le régime habituel. L'eau du marais ne sera point employée comme boisson.

Toutes les fois que, dans les travaux de dessèchement, on ne s'est point sérieusement préoccupé de maintenir les ouvriers dans les meilleures conditions hygiéniques, on a éprouvé, par suite des fièvres et des épidémies, des pertes énormes. Toutes les fois que ces conditions se sont trouvées réalisées, la mortalité n'a pas été sensiblement plus considérable que dans les autres genres de terrassements.

Les *rizières* sont des marais factices ou naturels, disposés pour la culture du riz et qui présentent, quant à la salubrité, les mêmes dangers que les autres sortes de marais. On a récemment introduit la culture du riz dans quelques-unes de nos contrées marécageuses ; c'est une innovation qui pourrait avoir de graves conséquences pour la santé publique.

Les *mares*, que les habitants des campagnes laissent assez volontiers se former à proximité des habitations, constituent des foyers permanents d'insalubrité qu'il importe de faire disparaître. Leur eau ne devrait jamais, dans tous les cas, être employée par l'homme comme boisson.

Sol. — L'influence que le sol exerce sur notre organisation résulte de sa configuration même, de ses conditions géographiques, de son élévation au-dessus de la mer, de la constitution de ses couches, de la nature des végétaux qu'il supporte.

La configuration géographique règle la distribution des eaux, leur écoulement facile ou leur agglomération en forme de marais ; elle rend les contrées accessibles à certains vents, et fermées à certains autres ; de là, autant de modifications dans la sécheresse ou dans l'humidité, en même temps, dans la température moyenne de ces mêmes contrées. Les forêts produisent, en arrêtant les vents, un résultat analogue. De plus, elles puisent incessamment dans la terre une humidité que leurs feuilles laissent évaporer, et qui se résout bientôt en pluies fécondantes.

Lorsque les couches qui constituent le sol ou le sous-sol ne livrent point passage à l'eau, la surface prend un caractère marécageux, et, après l'époque des grandes pluies, apparaissent les fièvres dites *paludéennes*. Dans les pays humides, les défrichements du sol, en découvrant des masses de débris végétaux à demi décomposés, donnent fréquemment naissance à des épidémies. Ces épidémies, par leur action meurtrière, rappellent celles qui accompagnent le dessèchement des marais, lorsque les travaux sont conduits sans précautions hygiéniques.

Habitations. — Pour tout ce qui concerne l'hygiène des habitations, nous ne saurions mieux faire que de reproduire l'instruction publiée par le Conseil de salubrité du département de la Seine.

« *Aération.* — L'air d'un logement doit être renouvelé tous les jours le matin, les lits étant ouverts ; ce n'est pas seulement par l'ouverture des portes et des fenêtres que l'on peut opérer le renouvellement de l'air d'un logement : les cheminées y contribuent efficacement aussi ; les cheminées sont même indispensables dans les maisons simples en profondeur et qui n'ont qu'un seul côté ; les chambres où l'on couche devraient toutes en être pourvues. *On ne saurait donc trop proscrire la mauvaise habitude de boucher les cheminées afin de conserver plus de chaleur dans les chambres.*

« Le nombre des lits doit être, autant que possible, proportionné à l'espace du local, de sorte que, dans chaque chambre, il y ait au moins 14 mètres cubes d'air par individu, indépendamment de la ventilation.

« *Mode de chauffage.* — Les combustibles destinés au chauffage et à la cuisson des aliments ne doivent être brûlés que dans des cheminées, poêles et fourneaux qui ont une communication *directe avec l'air extérieur*, même lorsque le combustible ne donne pas de fumée. Le coke, la braise et les diverses sortes de charbons qui se trouvent dans ce dernier cas sont considérés à tort par beaucoup de personnes comme pouvant être impunément brûlés à découvert dans une chambre habitée. C'est là un des préjugés les plus fâcheux ; il donne lieu tous les jours aux accidents les plus graves ; quelquefois même, il devient cause de mort.

« Aussi doit-on proscrire l'usage des *braseros*, des poêles et des calorifères portatifs de tout genre qui n'ont pas de tuyau d'échappement au dehors. Les gaz qui sont produits pendant la combustion de ces moyens de chauffage, et qui se répandent dans l'appartement, sont beaucoup plus nuisibles que la fumée de bois.

« On ne saurait trop s'élever aussi contre la pratique dangereuse de fermer complètement la clef d'un poêle ou la trappe intérieure d'une cheminée qui contient encore de la braise allumée. C'est là une des causes d'asphyxie les plus communes. On conserve, il est vrai, la chaleur dans la chambre, mais c'est au dépens de la santé, et quelquefois de la vie.

« *Soins de propreté.* — Il ne faut jamais laisser séjourner longtemps les urines, les eaux de vaisselle et les eaux ménagères dans un logement. Il faut balayer fréquemment les pièces habitées, laver une fois par semaine les pièces carrelées et qui ne sont pas frottées, les ressuyer aussitôt pour en enlever l'humidité. Le lavage, qui entraîne à sa suite un état permanent d'humidité, est plus nuisible qu'avantageux; il ne doit donc pas être opéré trop souvent.

« Lorsque les murs d'une chambre sont peints à l'huile, il faut les laver de temps en temps pour en enlever les couches de matières organiques qui s'y déposent et s'y accumulent à la longue.

« Dans le cas de peinture à la chaux, il convient d'en opérer tous les ans le grattage et d'appliquer une nouvelle couche de peinture.

« Tout papier de tenture que l'on renouvelle doit être arraché complétement; le mur doit être gratté et les trous rebouchés avant de coller de nouveau papier.

« Les cabinets particuliers d'aisance doivent être parfaitement ventilés, et, autant que possible, à fermeture au moyen de soupapes hydrauliques.

« *Causes d'insalubrité.* — Indépendamment du mode de construction d'une maison, quel que soit l'espace qu'elle occupe et quelle que soit la dimension des cours et des logements, cette maison peut devenir insalubre :

« 1° Par l'existence de lieux d'aisances communs mal tenus;

« 2° Par le défaut d'écoulement des eaux ménagères, le défaut d'enlèvement d'immondices et de fumiers, le mauvais état des ruisseaux et caniveaux ;

« 3° Par la malpropreté ou la mauvaise tenue du bâtiment.

« *Cabinets d'aisances communs.* — Il n'est guère de cause plus grave d'insalubrité : un seul cabinet d'aisances mal ventilé, ou tenu malproprement, suffit pour infecter une maison tout entière. On évite, autant que possible, cet inconvénient, en pratiquant à l'un des murs du cabinet une fenêtre suffisamment large pour opérer une ventilation et pour éclairer; en tenant, en outre, les dalles et le siége dans un état constant de propreté à l'aide de lavages fréquents, on doit renouveler souvent aussi le lavage du sol et celui des murs, qui doivent être peints à l'huile et au blanc de zinc. Chacun de ces cabinets doit être clos au moyen d'une porte; enfin il faut, autant que possible, éviter les angles dans la construction des dits cabinets.

« *Eaux ménagères.* — Les cuvettes destinées au déversement des eaux ménagères doivent être garnies de *hausses*, ou disposées de telle sorte que les eaux projetées à l'intérieur ne puissent saillir au dehors. Il faut bien se garder de refouler à travers les ouvertures de la grille qui se trouve au fond des cuvettes les fragments solides, dont l'accumulation ne tarderait pas à produire l'engorgement des tuyaux.

« On doit placer une grille à la jonction du tuyau avec la cuvette, afin d'empêcher l'obstruction par des matières solides.

« Il ne faut jamais vider d'eaux ménagères dans les tuyaux de descente pendant les gelées.

« Lorsque l'orifice d'un de ces tuyaux aboutit à une pierre d'évier placée dans une chambre ou dans une cuisine, on doit le tenir parfaitement fermé au moyen d'un tampon ou d'un siphon.

« Il y a toujours avantage à diriger les eaux pluviales dans les tuyaux de descente, de manière à les laver.

« Lorsque ces tuyaux exhalent une mauvaise odeur, il faut les laver avec de l'eau contenant au moins un pour cent d'eau de Javelle.

« Une des pratiques les plus fâcheuses dans les usages domestiques et contre laquelle on ne saurait trop s'élever, c'est celle de déverser les urines dans les plombs d'écoulement des eaux ménagères.

« Les ruisseaux des cours et les caniveaux destinés au passage des eaux ménagères doivent être exécutés en pavés, en pierre ou en fonte; les joints doivent être faits avec soin, et les pentes régulières, de manière à empêcher toute stagnation d'eaux et à rendre facile le lavage de ces ruisseaux et caniveaux.

« Les immondices des cours doivent être enlevées tous

les jours; les fumiers ne doivent pas être conservés plus de huit jours en hiver et de quatre jours en été.

« Il faut balayer fréquemment les escaliers, les corridors, cours et passages; gratter les dépôts de terre et d'immondices, qui résistent à l'action du balai.

« Il est utile de peindre à l'huile les murs des maisons, façades, couloirs, escaliers; cette peinture empêche les murs de se pénétrer de matière organique, mais il faut avoir soin d'en opérer le lavage une fois par an.

« *Lavage du sol.* — Les parties carrelées, pavées ou dallées doivent être lavées souvent, quand il s'agit d'escaliers ou de sols de corridors; il faut les essuyer aussitôt après le lavage, pour éviter un excès d'humidité toujours nuisible.

« L'eau suffit le plus ordinairement à ces lavages; mais dans le cas d'infection et de malpropreté de date ancienne, il faut ajouter à l'eau un pour cent d'eau de Javelle ou de chlorure d'oxyde de sodium. — L'emploi de chlorure de chaux (hypochlorite) aurait l'inconvénient de laisser à la longue un sel hygroscopique (chlorure de calcium) qui entretiendrait une humidité permanente, contraire à la salubrité.

« C'est en pratiquant ces soins si simples, d'une exécution si facile et si peu dispendieuse, que l'on tend à la conservation de la santé, en même temps que l'on s'oppose au progrès des épidémies qui peuvent frapper d'un moment à l'autre toute une population. »

Vêtements. — Les vêtements sont des sortes de petites habitations, à l'intérieur desquelles nous vivons dans une certaine indépendance des changements qui se produisent dans la température et l'état hygrométrique de l'atmosphère; c'est ce qui remplace pour nous les enveloppes protectrices que la nature a dispensées si libéralement aux différents animaux. Notre premier besoin est de conserver en dedans de nous la chaleur que nous créons incessamment par les diverses combustions dont il a déjà été parlé. Les substances qui laissent le plus difficilement passer et dissiper au dehors la chaleur interne fournissent donc les vêtements les plus *chauds*, expression qui ne signifie pas que ces vêtements nous communiquent une chaleur quelconque, mais tout simplement qu'ils sont mauvais conducteurs du calorique. A cet égard, les fourrures tiennent le premier rang, parce qu'elles emprisonnent, entre les poils qui les constituent, une grande quantité d'air, et l'air conduit très-mal la chaleur. Viennent ensuite la laine, la soie, et, enfin, les tissus de coton, de lin et de chanvre. Cette dernière substance est celle qui laisse le plus aisément passer la chaleur. Les tissus lâches, et dont les mailles retiennent beaucoup d'air, sont, par la raison indiquée tout à l'heure, plus *chauds* que les tissus serrés.

Les vêtements doivent nous préserver de l'humidité extérieure. Les étoffes de lin et de chanvre se laissent très-facilement traverser par l'humidité, que cette humidité vienne de l'atmosphère ou bien de notre propre transpiration. Ces mêmes étoffes sont, en même temps, celles qui, par évaporation, se débarrassent le plus vite de l'eau qu'elles ont absorbée; de là, pour notre corps, une cause de refroidissement qui peut avoir ses dangers. Les étoffes de coton sont préférables sous ce rapport, et celles de laine et de soie le sont encore à un plus haut degré. Les tissus de caoutchouc garantissent parfaitement de l'humidité extérieure; mais ils refusent également le passage aux produits de notre propre transpiration, lesquels viennent alors se condenser à leur surface intérieure. Ces tissus ne doivent jamais être employés que par-dessus les autres vêtements, et il faut que leur forme permette à l'air d'y circuler facilement.

Malgré l'état avancé de notre civilisation, les différents vêtements imaginés pour couvrir le corps ne remplissent pas toujours le but qu'ils sembleraient appelés à remplir. Le chapeau devrait protéger le cou et la tête contre le soleil et les intempéries de l'atmosphère; ses bords étroits le rendent incapable de cet office. De plus, il est lourd, et forme autour de la tête un cercle rigide qui comprime les vaisseaux et les nerfs. La cravate, invention toute moderne, comprime d'une manière bien plus nuisible encore les gros vaisseaux du cou. Loin de nous préserver des refroidissements, elle ne contribue qu'à nous rendre plus sensibles aux influences extérieures. L'habitude seule nous la rend nécessaire; il est certainement beaucoup plus avantageux d'accoutumer, dès les premiers temps, les enfants à se passer de cet accessoire pour le moins superflu. Les vêtements qui enveloppent le thorax sont, en général, disposés d'une manière plus rationnelle. Néanmoins dans certaines classes de la société, le désir de faire paraître la taille plus mince a conduit à transformer les gilets et les corsets en véritables machines de compression. Il en résulte la déformation des os du thorax, l'altération des viscères et celle de la fonction respiratoire. Nos pantalons actuels sont préférables aux culottes courtes que l'on portait au siècle dernier; mais l'emploi des ceintures d'étoffe souple pour assujettir le pantalon autour des reins devrait être plus répandu dans les professions qui exigent un travail énergique. Ces ceintures maintiennent les muscles abdominaux pendant les efforts violents, et préviennent la formation des hernies. Le ventre se trouve en même temps garanti du froid et de l'humidité. Les jarretières compriment les vaisseaux de la jambe; les guêtres, et surtout les guêtres longues, présentent le même inconvénient.

Bains. — Les bains débarrassent la surface du corps des matières étrangères qui s'y sont déposées accidentellement, et qui forment, avec les produits des sécrétions sudorifères et sébacées, une espèce de vernis nuisible aux fonctions de la peau. A ce titre seul, l'usage des bains constitue une des prescriptions hygiéniques les plus importantes, et plusieurs peuples même en ont fait un article de religion. Les bains exercent sur l'ensemble de l'organisation leur influence salutaire; ils rétablissent l'équilibre des fonctions, et communiquent une impression de délassement et de bien-être qui les rend extrêmement agréables après un voyage, après un travail prolongé. Lorsqu'ils n'ont pas été ordonnés par le médecin, en vue d'une action spéciale, ils doivent être pris médiocrement chauds et ne point dépasser trente degrés centigrades. Cependant, à cet égard, on doit écouter surtout l'impression produite sur la peau, impression qui varie suivant les constitutions.

Les *bains tièdes* déterminent une absorption de liquide et enlèvent au corps une certaine quantité de calorique; les *bains très-chauds* augmentent, au contraire, la température intérieure, et produisent une diminution de poids, par l'accélération des fonctions exhalantes de la peau; ils peuvent, chez certaines personnes, amener des accidents graves, des congestions cérébrales, par exemple. Les *bains froids de rivière* nous fournissent, durant l'été, un puissant moyen de combattre l'influence d'une température trop ardente. Ils agissent par soustraction de calorique, et tendent à dissiper l'espèce d'atonie qui pèse alors sur nos organes. Les *bains de mer* possèdent des effets particuliers qui sont dus à la nature salée des eaux. Leur action est très-énergique, et, la plupart du temps, les personnes de complexion faible ne peuvent les supporter sans incommodité au delà de quelques minutes. Les *eaux minérales* sont des eaux plus chargées de matières salines que ne le sont les eaux ordinaires; leurs effets varient suivant les éléments qui entrent dans leurs compositions. Plusieurs de ces eaux minérales ont une température naturelle qui égale ou surpasse même celle des bains chauffés artificiellement; on les appelle *eaux thermales*.

Exercice. — L'exercice modéré provoque une excitation salutaire de toutes les fonctions; il développe le système musculaire et le système osseux. Le travail des muscles détermine une perte de substance organique, comme le travail des machines industrielles détermine une consommation de combustible; de là le besoin de réparation, c'est-à-dire l'appétit, et, en même temps, l'assimilation plus complète, plus rapide, des éléments nutritifs en suspension dans le liquide sanguin.

C'est surtout dans les premières années de la vie que l'exercice est nécessaire. Dans la distribution du temps pour les jeunes enfants, il importe de réserver toujours aux récréations une assez large part; il est certainement à regretter que l'on se trouve parfois obligé d'employer d'une manière trop continue, comme moyen de répression, la privation d'exercice.

L'exercice prolongé outre mesure entraîne des conséquences funestes, surtout lorsque la réparation alimentaire est insuffisante et lorsque le corps est privé de sommeil. Telle serait, d'après tous les hygiénistes, la cause de l'excessive mortalité que l'on remarque dans diverses professions fatigantes et mal rétribuées.

Tout exercice très-violent est dangereux dans le moment qui suit immédiatement le repas, car il a pour effet de retirer le sang du voisinage de l'estomac, et d'interrompre, par conséquent, les opérations digestives.

La *gymnastique* est la science raisonnée des mouvements; elle provoque, par une habile gradation d'exercices, le développement des forces et des organes. Comme effet moral, elle produit l'adresse, l'intrépidité, la présence d'esprit dans le danger. En un mot, elle crée et discipline la force. Par les excitations qu'elle donne, elle corrige les effets d'une vie trop sédentaire, et, sous ce rapport, le gymnase peut être fréquenté avantageusement, même par les hommes d'un âge mûr.

Les exercices gymnastiques doivent être choisis avec discernement, surtout lorsqu'il s'agit de jeunes enfants. Il serait utile que le médecin fût appelé à donner son avis sur cette matière, comme sur tant d'autres où l'on néglige de le consulter, parce qu'il n'est point question d'une maladie existante. Parmi les exercices, on ne saurait trop faire pratiquer ceux qui mettent à même de rendre des services dans des circonstances critiques, les manœuvres de sauvetage pour les incendies, par exemple.

Certains exercices gymnastiques sont employés avec succès par l'*orthopédie*, ou art de guérir les déviations du système osseux; les machines et appareils de redressement qui maintiennent le corps dans l'immobilité ne sont propres, le plus souvent, qu'à développer l'infirmité première, le défaut d'exercice entraînant toujours comme conséquence l'affaiblissement des organes.

La *natation* est une sorte de gymnastique ayant l'eau pour théâtre; c'est un art utile, et qui devrait faire partie essentielle de l'éducation dans toutes les localités où l'enseignement en est possible. Toutefois, au lieu d'apprendre simplement à faire la coupe, la planche, etc., il serait bon que les jeunes gens apprissent en même temps à tirer quelqu'un du danger, qu'ils fussent exercés à nager tout vêtus, à soutenir, en nageant, un fardeau.

Alimentation. — Le corps humain subit chaque jour des pertes qui doivent être réparées aussi chaque jour; tel est le but de l'alimentation. L'étude des différentes fonctions a montré aux physiologistes quelles étaient la nature et la quotité de ces pertes; on a pu déterminer, par suite, quelle était la somme d'aliments rigoureusement nécessaire à l'entretien du corps, et, en même temps quelles étaient les substances qui, par leur composition chimique, répondaient le mieux à nos besoins.

Par la respiration, nous perdons chaque jour à peu près 550 litres d'acide carbonique, c'est-à-dire à peu près 280 grammes de carbone. Par l'exhalation pulmonaire et cutanée et par la sécrétion urinaire, nous perdons environ 2 kilogrammes d'eau. D'un autre côté, la sécrétion urinaire entraîne au dehors différentes matières renfermant une certaine quantité d'azote, à peu près 14 grammes. Nous perdons 12 grammes du même gaz par le fait même de la respiration; l'air qui entre dans nos poumons renferme moins d'azote que celui qui en sort, et cette différence ne peut être attribuée qu'à une perte régulière imposée à l'organisme. On retrouve encore de l'azote dans différents produits de sécrétion, tels que le mucus, la salive, le suc gastrique, etc. Ces mêmes produits contiennent, en proportion très-variée, un certain nombre de substances minérales, particulièrement des chlorures, des sels de soude, de chaux, de magnésie.

On peut donc établir de la manière suivante le budget normal de nos dépenses quotidiennes :

Eau (liquide ou vapeur)	2 kilogrammes.
Carbone (acide carbonique et carbonates) .	300 grammes.
Azote (gaz en nature et matière azotée). . .	26 à 30 grammes.
Sels minéraux.	quelques grammes.

Ces chiffres n'ont point évidemment une valeur absolue; ils doivent se modifier en raison d'une infinité de circonstances spéciales; mais, tels qu'ils sont, ils peuvent nous être d'un grand secours, lorsqu'il s'agit de régler d'une manière approximative notre ration alimentaire.

L'eau est abondamment répandue dans la nature, et, la plupart du temps, il nous est extrêmement facile de nous procurer les deux kilogrammes de ce liquide qui nous sont chaque jour nécessaires. Tous nos aliments renferment d'ailleurs une très-fort proportion d'eau. Le pain en contient 36 pour 100 de son poids, les pommes de terre 74, la viande 78, les œufs 80, les carottes 88, les choux 90.

C'est l'eau que nous buvons qui fournit en grande partie les matières minérales qui doivent figurer au budget des recettes. Les eaux réputées les plus pures contiennent, par litre, comme nous l'avons indiqué, de 15 à 50 centigrammes de sels minéraux, tels que carbonates, sulfates, azotates de soude, de chaux, de potasse, de magnésie, etc.

Quant au carbone et à l'azote, nous les empruntons aux divers aliments tirés du règne animal et du règne végétal. Ces aliments ont naturellement une composition très-variée; ils sont plus ou moins riches en carbone et en azote, et les plus précieux pour nous sont ceux qui renferment le plus d'azote, parce que cet élément entre toujours en beaucoup plus faible proportion que le carbone dans la composition des substances alimentaires. Tous les aliments dits *farineux* nous fournissent à peu de frais la ration de carbone; la ration d'azote est plus coûteuse, bien que son poids représente à peine la dixième partie de celui de l'autre ration.

On trouvera dans le tableau suivant la composition chimique des aliments le plus employés. On verra, par la lecture de ce tableau, qu'il existe, en général, beaucoup d'idées fausses sur la valeur nutritive des aliments. La viande, par exemple, est loin d'être la substance qui renferme le plus de matière azotée; le fromage de Gruyères, les pois, les haricots, les fèves en contiennent bien davantage; ce fait explique l'emploi que l'on fait de ces aliments pour la nourriture des individus adonnés à un travail énergique. Les pommes de terre, d'un autre côté, ne renferment pour ainsi dire que de l'eau et quelques centièmes de fécule; l'azote n'entre dans leur composition que pour trois millièmes, et s'y trouve, par conséquent, en quantité dix fois moindre que dans les haricots. Pour satisfaire complétement les besoins de l'organisation, il faudrait, si l'on voulait vivre exclusivement de pommes de terre, en manger chaque jour près de 10 kilogrammes. En mêlant, pour la fabrication du pain, la fécule de pomme de terre à la farine de froment, on produit un aliment qui peut coûter moins cher que le pain de blé pur, mais dont les propriétés sont en réalité beaucoup moins nutritives. L'intérêt public n'a donç rien à gagner à toutes les combinaisons de ce genre. Autant vaudrait chercher le moyen d'introduire dans la pâte une double quantité d'eau.

	AZOTE	CARBONE	EAU
Viande (sans os)	3	11	78,50
Œufs (blanc et jaune ensemble)	1,90	12,50	80
Lait de vache	0,66	7	86,50
Lait de chèvre	0,69	7,60	83,60
Fromage de Brie	2,25	24,60	58
Fromage de Gruyères	5	36	40
Chocolat	1,52	48	8
Fèves	4,50	40	15
Haricots	3,88	41	12
Lentilles	3,75	40	12
Pois	3,50	41	10
Blé dur du midi	3	40	12
Blé tendre	1,81	39	14
Farine blanche de Paris	1,64	39	14
Farine de seigle	1,75	41	15
Orge d'hiver	1,90	40	13
Maïs	1,70	44	12
Sarrazin	1,95	40	12
Riz	1,08	43	13
Gruau d'avoine	1,95	41	13
Pain blanc de Paris	1,08	29,50	36
Pain de farine de blé dur	2,20	31	37
Pain de munition	1,20	30	35
Châtaignes fraiches	0,64	35	26
Pommes de terre	0,24	10	74
Patates	0,18	8	80
Carottes	0,31	5,50	88
Figues fraiches	0,41	15,50	66
Figues sèches	0,92	34	25
Pruneaux	0,73	28	26
Café (dans une infusion de 100 gr.)	1,10	22	»
Lard	1,18	61,14	20
Beurre ordinaire	0,64	67	14
Huile d'olive	Traces.	77	2
Bière forte	0,08	4,50	90
Alcool pur (à 100° de l'alcoomètre)	»	52	»
Eau-de-vie commune	»	27	49
Vin	0,015	4	90

On remarquera également combien les aliments réunis sous la dénomination commune de *légumes* diffèrent les uns des autres pour la proportion de matière solide. Les pois, les lentilles, les haricots, renferment à peine un huitième d'eau, les carottes, les pommes de terre, en renferment de sept à neuf dixièmes. La même différence se manifeste au point de vue de la proportion d'azote.

Une indication d'une grande utilité, lorsqu'il s'agit d'obtenir exactement la valeur nutritive des substances alimentaires, est celle de la quantité de matière grasse qu'elles contiennent. En effet, les principes gras, pour la combustion intérieure, représentent, à poids égal, une production de chaleur triple de celle que fournissent les principes sucrés ou féculents, différence qui explique parfaitement pourquoi les premiers entrent en si forte proportion dans l'alimentation des peuples du Nord, les seconds, dans celle des peuples méridionaux.

Les substances alimentaires qui renferment le plus de matière grasse sont : l'huile d'olive, 86 pour 100 ; le beurre, 86 ; le lard, 71 ; le chocolat, 26 ; le fromage de Gruyères, 24 ; le maïs, 8 ; l'œuf, 7 ; le fromage de Brie, 5 ; les châtaignes, 4. — Les pommes de terres et les carottes, au contraire, en renferment tout au plus 1 pour 100.

A l'aide des notions qui précédent, on peut déterminer d'une manière assez précise les quantités d'aliments nécessaires pour constituer une ration en quelque sorte normale. Il ne faut pas oublier cependant que la question de l'alimentation n'est point une question purement chimique. Il ne suffit pas d'introduire dans l'estomac une quantité convenable de principes réparateurs ; il faut que les aliments soient digérés ; il faut, en même temps, que le régime adopté ne soit point susceptible de produire sur l'état général de la santé une influence fâcheuse. Cette dernière circonstance fait qu'on ne peut user d'une manière trop continue de certains aliments qui sont très-riches en azote, mais qui déterminent, par cela même peut-être, une trop grande surexcitation dans l'organisme.

Quant à la manière dont s'exécutent les actes digestifs, on sait que tous les aliments ne se prêtent point avec une égale facilité aux différentes opérations qui doivent les rendre absorbables. C'est là ce qui constitue leur degré de *digestibilité*. On a voulu déterminer d'une manière précise la rapidité avec laquelle sont digérés, *passent*, comme on dit vulgairement, les aliments : les résultats obtenus par les divers observateurs sont loin de présenter toujours une coïncidence exacte, et cela par la raison toute simple que le degré de digestibilité des aliments varie presque pour chaque individu. Néanmoins, de l'ensemble des faits observés, on peut conclure que les fruits, les œufs, les poissons, le laitage, sont généralement digérés avec une grande rapidité. Viennent ensuite les légumes, dont la digestibilité est moindre; puis les volailles, les viandes rôties, et enfin les viandes bouillies et les soupes grasses. Les aliments les plus faciles à digérer exigent environ deux heures pour leur digestion; certains aliments en exigent jusqu'à cinq. Il ne faudrait donc pas s'imaginer, comme on le fait trop communément que, deux heures après le repas, on peut toujours sans danger prendre un bain, se faire saigner, etc.

Les différents condiments et assaisonnements qui composent l'arsenal culinaire ont pour objet de stimuler l'activité des organes digestifs et de faciliter l'élaboration des matières introduites dans l'estomac. Les gens oisifs abusent de ces dangereux auxiliaires pour provoquer artificiellement leur appétit et se mettre en état de manger au-delà de ce que réclament les besoins de la nutrition. On ne peut nier cependant que, dans une foule de circonstances, l'adjonction de certains assaisonnements ne rende la digestion plus facile. Les soupes, qui, pour beaucoup de gens, constituent le fond de la nourriture, se composent d'une forte quantité de pain, associée à un liquide peu chargé d'éléments nutritifs, mais pourvu d'un arome qui stimule l'activité de l'estomac et la production du suc gastrique. Un litre de bouillon ne renferme pas, déduction faite du sel, plus de dix grammes de matière solide.

Les boissons alcooliques exercent sur la digestion une influence salutaire, lorsqu'elles sont prises avec modération, et surtout mélangées d'eau. Elles agissent alors comme de véritables condiments. L'abus de ces boissons conduit rapidement à l'extinction de l'intelligence et rabaisse l'homme à une condition voisine de celle de la brute.

Voici les proportions d'alcool que les chimistes ont constatées dans les boissons dont l'usage est le plus répandu :

BOISSONS	ALCOOL p. 100.	BOISSONS	ALCOOL
Bagnouls	17	Saumur	10
Grenache	16	Bordeaux, grands crus	9
Madère très-vieux	16	Vins du Cher	8
Jurançon blanc	15	Vins au détail à Paris	8
Saint-Georges	15	Châtillon, près Paris	7
Malaga	15	Poiré	6
Vins de poids du midi	13	Cidre le plus spiritueux	9
Angers (coteaux)	13	Cidre le moins —	4
Barzac blanc	12	Ale de Burton	8
Frontignan	12	Ale d'Édimbourg	5
Bons vins de Bourgogne	11	Porter de Londres	4
Champagne	10	Bière vieille de Strasb	4
Mâcon	10	Bière de Lille	3
Vins de l'Ouest	10	Bière de Paris	2

La cherté des vins a fait introduire dans la consommation domestique des boissons de composition diverse, mais dans lesquelles entrent toujours comme élément principal des fruits sucrés, pommes, poires, raisins, etc. Par la fermentation, la matière sucrée forme un peu d'acool et beaucoup d'acide carbonique. De là, un pétillement qui rappelle les vins mousseux. Malheureusement, la ressemblance ne va guère plus loin, et l'on peut dire qu'en général ces boissons, quel que soit leur nom, quelle que soit leur formule, ne remplacent pas mieux le vin véritable que le pain mélangé de fécule ne remplace le pain de froment.

Le *thé*, le *café*, sont des boissons aromatiques; leurs propriétés stimulantes les rapprochent des boissons alcooliques; mais ils possèdent en même temps des propriétés spéciales, et, par la matière azotée qu'ils contiennent, ils concourent directement à notre alimentation et à la réparation de nos organes.

D'après un célèbre agronome, M. de Gasparin, — et cette opinion s'est trouvée justifiée par de nombreuses expériences faites avec toute l'exactitude nécessaire, — l'emploi du café dans l'alimentation aurait en outre le singulier effet de diminuer les pertes de l'organisme et, en même temps, le besoin de réparation. On comprend ainsi comment le café, associé au lait, est devenu, pour une grande partie de la population, un aliment de première nécessité.

TABLE DES MATIÈRES

FIN DE LA TABLE.

Sceaux. — Imp. de E. Dépée. Charaire et fils successeurs.

COURS COMPLET D'ENSEIGNEMENT INDUSTRIEL

PUBLIÉ SOUS LA DIRECTION DE M. MARGUERIN

Directeur de l'École municipale Turgot, à Paris

PAR UNE SOCIÉTÉ DE PROFESSEURS

et édité dans le format in-18 jésus

ARITHMÉTIQUE, par M. C. DE PAUL, prof. à l'école Turgot. 1 v. Pr., br. 2 fr.
Le cartonnage se paye 15 c. en sus.

PRÉCIS ÉLÉMENTAIRE D'ARITHMÉTIQUE, par *le même*, 1 v. Prix, br. 1 fr. 25
Le cartonnage se paye 10 c. en sus.

ALGÈBRE ÉLÉMENTAIRE, par *le même*. 1 vol. Prix, br............. 4 fr.
Le cartonnage se paye 20 c. en sus.

DESSIN LINÉAIRE GÉOMÉTRIQUE ET ÉLÉMENTS DE LAVIS, par M. TRIPIQUOY, maître de dessin de machines à l'École polytechnique, chef des travaux graphiques à l'École des ponts et chaussées et à l'École centrale des arts et manufactures, professeur à l'école Turgot. 1 vol. de texte avec fig. et un cahier de 70 pl. in-4°, dont 28 sur 14 feuilles pour l'*année pérparatoire*, et 42 sur 24 feuilles pour la *première année*. Prix du vol. de texte, br.. 2 fr.
Le cartonnage se paye 15 c. en sus.
Prix de chaque feuille (ou de 2 planches), à une seule teinte pour l'année préparatoire.. 35 c.
Prix de chaque feuille à deux teintes pour la première année....... 50 c.
Chaque feuille se vend séparément.
Ouvrage autorisé par S. E. M. le ministre de l'Instruction publique.

PREMIÈRES NOTIONS D'HISTOIRE NATURELLE, par M. HÉMENT, professeur à l'école Turgot. 1 joli volume orné de figures. 2e édition. Prix, broché.. 2 fr. 25
Le cartonnage se paye 15 c. en sus.

HISTOIRE NATURELLE (éléments), par M. DE MONTMAHOU :
1re *Partie :* PHYSIOLOGIE. 1 vol. avec figures. Prix, broché..... 1 50
2e *Partie :* ZOOLOGIE. 1 vol. avec figures. Prix, broché........ 2 25
3e *Partie :* BOTANIQUE. 1 vol. avec figures. Prix, broché...... 2 25
4e *Partie :* GÉOLOGIE et MINÉRALOGIE. (*En préparation.*)
Le cartonnage se paye 15 cent. en sus.

COURS DE LANGUE FRANÇAISE (v. celui de MM. MICHEL et RAPET).

GRAMMAIRE ALLEMANDE, par M. BIRMANN, professeur de langue allemande à l'école municipale Turgot. 1 vol. Prix, br.......................... 3 fr.
Le cartonnage se paye 20 c. en sus.

PREMIER COURS DE VERSIONS ALLEMANDES, par *le même*. 1 vol. Prix, broché.. 1 fr. 80
Le cartonnage se paye 15 c. en sus.

COURS DE LANGUE ANGLAISE (celui de M. MONTUCCI).

TRAITÉ DES HOMONYMES ANGLAIS, par M. FLEMING, professeur de langue anglaise à l'école Turgot. 1 vol. Prix, br............................ 80 c.

DICTIONNAIRE abrégé de la langue française, par M. GUÉRARD, préfet des études au Collége Sainte-Barbe, et M. SARDOU, professeur et auteur de divers ouvrages classiques. 1 vol. in-18 carré. Prix, cart.... 2 fr.

RECUEIL DE MORCEAUX CHOISIS de prose et de vers, extraits des meilleurs auteurs français ; avec des notes pour l'intelligence du texte et de l'étude de la langue, par MM. MARGUERIN et MICHEL. 2 vol. Chacun, br. 1 fr. 50
Chaque volume se vend séparément.

ÉTUDES SUR LA SIGNIFICATION DES MOTS et la propriété de l'expression, ou Cours complémentaire de grammaire et de langue française, par M. L.-C. MICHEL, professeur de langue et de littérature françaises à l'école municipale Turgot. 1 vol. Prix, cart.............................. 1 fr. 50

Paris. — Typ. Rouge frères, Dunon et Fresné, rue du Four St.-Germain, 43

www.ingramcontent.com/pod-product-compliance
Ingram Content Group UK Ltd.
Pitfield, Milton Keynes, MK11 3LW, UK
UKHW021057200726
13857UKWH00003B/974

9 782011 902870